최신 항공예약실무
TOPAS SellConnect

최신 항공예약실무
TOPAS SellConnect

곽철우 박수영 정인경

두루

머리말

CRS(Computerized Reservation System)는 항공 업무의 자동화를 위해 개발되었으나 그 영역을 고유 업무에만 국한하지 않고 확대해 왔다. CRS는 항공 예약 및 발권 기능을 비롯하여 호텔, 렌터카 예약 등의 부대 서비스를 제공하고 있으며 버스, 철도, 공연, 스포츠 등 여행 및 레저에 관련된 모든 분야에서 종합적인 정보를 제공하는 전산시스템으로 발전하였다. 1975년 국내에 최초로 등장한 CRS는 항공운송 업무에 있어서 필수적인 요소로 자리매김하였고, 현재 많은 항공사와 여행사 및 관광과 관련된 기업에서는 신입사원을 채용할 때 외국어 능력과 함께 CRS 과정 이수자에게 가산점을 주어 우대하고 있다. 이에 따라 각 대학의 관광 및 항공 관련 학과에서는 CRS 교육을 지속적으로 강화하고 있다.

TOPAS는 2011년 항공 예약 시스템을 유럽의 대표적인 Global Distribute System인 AMADEUS를 기반으로 하는 TOPAS SellConnect로 전환하였는데, 이를 계기로 시스템의 안정성이 개선되어 한국 여행 시장 선진화에 크게 기여하고 있다.

본서는 관광 및 항공을 전공하는 학생들이 여행사, 항공사 취업에 필요한 가장 기본적인 업무인 항공예약에 대해 쉽게 이해할 수 있도록 구성하였다.

총 10장으로 구성되어 있으며, 각 장은 CRS를 처음 이용하는 초보자들이 쉽게 이해할 수 있도록 여러 가지 Transaction Code와 그에 대한 기능, 이에 따르는 응답화면과 화면에 대한 설명으로 이루어져 있다.

마지막 10장은 종합 연습문제를 수록하여 항공예약 자격증 취득에 도움이 될 수 있도록 구성하였다.

최근 항공 산업의 발전과 인천 공항의 확장으로 전문 인력의 수요가 급증하는 추세에서 항공·관광을 전공하는 학생들이 CRS 과정을 이수하여 관광 전문가로서의 지식과 기능을 갖추고 경쟁력을 높일 수 있기를 기대한다.

이 책이 출간되도록 수고해 주신 두루출판사 관계자 여러분에게 감사드립니다.

2025년 2월

대표 저자

CONTENTS

제1장

CRS와 Topas SellConnect

① CRS

1) CRS(Computerized Reservation System)의 개요

CRS는 전산을 통하여 항공권의 예약, 발권을 비롯하여 항공운임 및 기타 여행에 관한 종합적인 서비스를 제공하는 시스템을 말한다. CRS는 항공사 및 여행사, 그리고 승객을 연결하는 정보 유통 수단이며, 복잡한 항공의 예약 및 발권 업무가 수작업에서 CRS로 대체되면서 항공사 및 여행사 업무가 보다 편리하고 정확하게 수행되었다.

2) CRS의 개발

세계 최초의 항공사 CRS는 1963년 미국의 American Airlines가 IBM과 공동으로 개발한 SABRE이며, 뒤를 이어 United Airlines의 APOLLO, Northwest와 Transworld의 PARS, Delta Airlines의 DATAS II 등이 개발되면서 본격적인 CRS 경쟁체제에 돌입하게 되었다.

3) CRS의 발전

초기 CRS는 자사 업무의 편의를 위해 개발되었기 때문에 여행사에 CRS를 보급한 항공사는 자사 항공편을 위주로 운영하게 하였다. 이에 따라 CRS를 보유하지 못한 항공사와 다양한 선택권을 잃게 된 승객들이 피해를 입게 되자 1984년 미국의 교통부에서는 이러한 행위들의 불합리함을 인정하면서 항공사간의 공정 경쟁을 보장하기 위하여 CRS 관련 법규를 제정하여 공표하였다. 이렇게 여행사에 보급되는 CRS가 특정 항공사에 유리하게 화면 구성을 하지 못하게 하는 것을 CRS 중립성이라 한다.

이후 CRS가 소유 항공사로부터 독립하여 별도의 회사로 운영하게 되면서 항공사와 여행사를 중개해주는 중립적인 시스템으로 전환하게 되는데, 이 시기부터 CRS 사업은 새로운 고부가가치 사업으로서의 독자적인 길을 걷게 되었다.

4) CRS의 기능

CRS는 항공 업무의 자동화를 위해 개발되었으나 고유 업무에만 국한하지 않고 그 영역을 넓혀왔다. CRS는 항공 예약 및 발권 기능을 비롯하여 호텔, 렌터카 등의 부대 예약 서비스를 제공하고 있으며 버스, 철도, 공연, 스포츠 등 여행 및 레저에 관련된 모든 분야에서 종합적인 정보를 제공하는 전산시스템으로 발전하였다.

2 TOPAS SellConnect

1) TOPAS(TOTAL PASSENGER SERVICE SYSTEM) 소개

TOPAS는 대한항공과 세계 최대의 항공 및 여행 관련 IT기업인 AMADEUS가 공동으로 출자하여 설립한 여행 정보 시스템 회사이다. 1975년 KALCOS라는 이름으로 한국 시장에 최초로 CRS를 도입한 이후, 여행사 Back Office System인 VALUE OFFICE PRO, Web 기반의 예약·발권 시스템인 TOPASRO, 온라인 항공예약 시스템인 CYBERPLUS를 선보이며 한국 여행시장이 선진화를 이루는데 기여해 왔다.

TOPAS는 2011년 5월 한국 여행 시장의 미래와 발전을 위하여 AMADEUS

기반의 예약 시스템으로 전환하는 차세대 예약 시스템 도입 계약을 체결함으로써 대한항공을 비롯하여 Thai Airways, Air France, Cathay Pacific 등 수많은 항공사와 하나의 시스템으로 연결하여 안정성과 정확성을 크게 개선하였다.

2) TOPAS SellConnect 개요

TOPAS SellConnect는 TOPAS 차세대 예약시스템의 명칭으로 여행사의 판매(Sell)를 증대시키고 항공사, 여행사 그리고 고객을 하나로 연결(Connect)하는 의미를 갖고 있다. TOPAS SellConnect는 전 세계적으로 항공, 호텔, 렌터카 등에 대한 예약·발권 서비스를 제공하는 AMADEUS의 예약시스템인 Selling Platform을 기반으로 개발되었으며 전 세계 약 40%의 여행사가 사용 중인 시스템이다.

TOPAS SellConnect의 가장 큰 장점은 100% 웹에 기반을 두어 별도의 시스템 설치 및 프로그램 다운로드가 필요하지 않으며 Edge, Google, Chrome 등 다양한 브라우저 사용이 가능하여 사용자가 원하는 시간과 장소에 상관 없이 언제 어디서나(Ubiquitous) 항공 예약 및 발권 업무 처리가 가능하다는 것이다.

한편 TOPAS SellConnect는 ENTRY Mode와 GUI Mode가 동시에 제공되며 상호간 자유롭게 호환되어 업무 효율성을 극대화시켰다.

또한 항공권 재발행 및 환불 처리와 같은 까다로운 업무를 자동화하고 차액운임을 자동 계산해주는 Auto Ticket Change와 같은 선진 GDS 기능들이 적용됨에 따라 여행사의 업무 프로세스를 획기적으로 개선할 것으로 기대된다.

3) TOPAS SellConnect의 주요 기능

(1) 예약 부문

- ENTRY Mode와 GUI Mode의 자유로운 호환
- Segment 자동 정렬 : 예약 순서와 상관없이 날짜순으로 자동 정렬
- 여정이 서로 다른 승객들의 동시 예약 가능
- Availability 조회 : Dual City Pair 조회 가능
- 여정 변경 시 SSR(Special Service Request) 자동 이관
- Queue 관리 기능 강화
- Mobile Application 지원
- 승객 Profile을 이용한 PNR 생성
- PNR Copy 기능을 이용한 예약

(2) 발권 부문

- 자동 운임 계산 범위 확대
- 재발행 및 환불 시 운임차액 자동계산/자동운임 검색기능 강화
- IATA 기준에 부합하는 EMD(Electronic Miscellaneous Document) 기능 제공

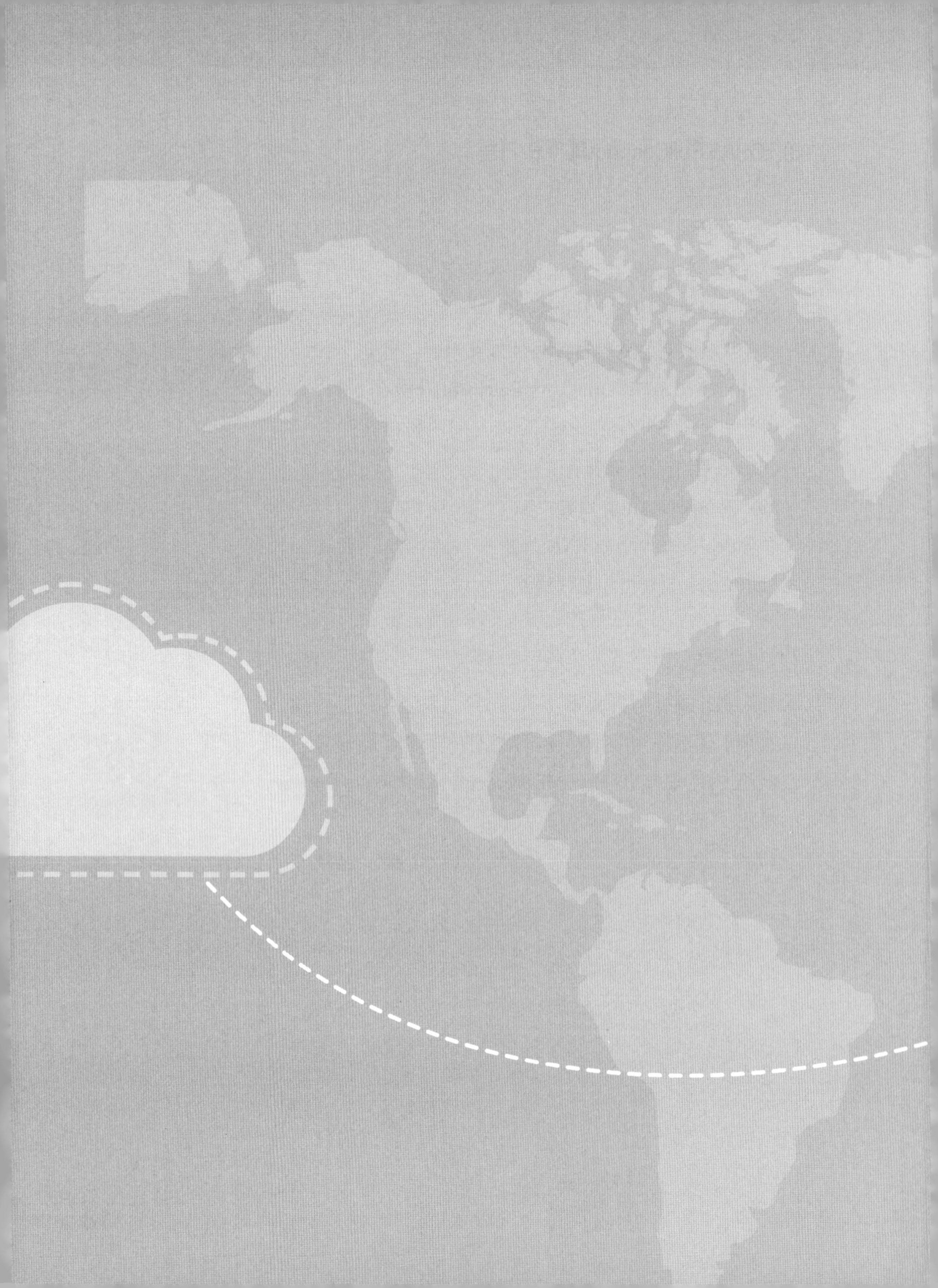

제2장

예약의 기초

① TOPAS SellConnect 로그인

1) 접속 URL

- cloudedu.co.kr

2) 로그인

① ID/PW 입력하여 로그인 실행

- 개인별로 부여된 ID를 입력하고 PW는 동일하다.

② 토파스 아이콘 클릭

3) 초기화면

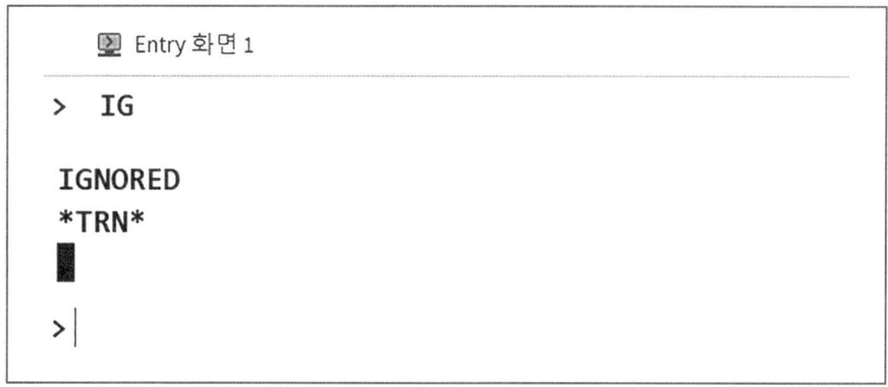

OUTPUT	EXPLANATION
>	SOM (Start of Message) ENTRY(명령어)의 시작 위치를 나타내며 Del나 Back Space로 제거할 수 없음
|	CURSOR ENTRY(명령어)의 위치를 알려주며 글자를 입력할 때 깜박이며 이동함
Pause Break	현재 Display되어 있는 화면은 위로 이동하면서 현재화면은 빈 화면으로 보여진다. 화면의 내용이 Clear되는 기능은 아니다.

② Keyboard 사용법

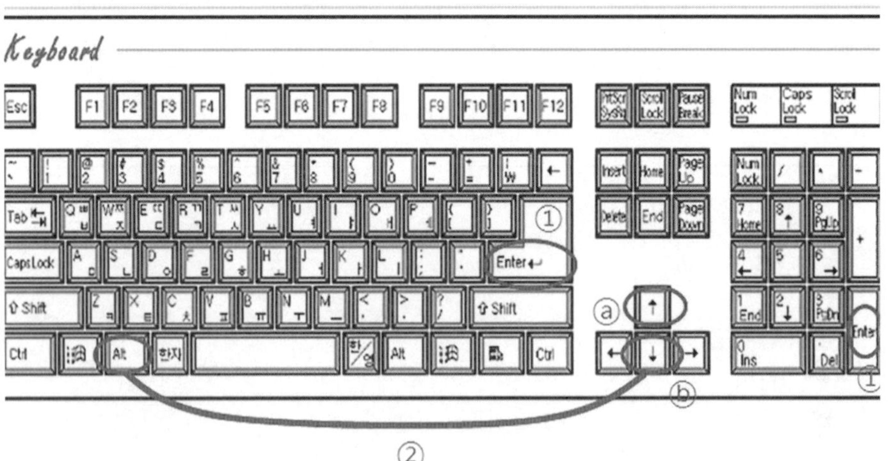

KEYBOARD	EXPLANATION
① Enter	ENTRY를 MAIN COMPUTER로 전송하여 작업을 수행함
② ENTRY HISTORY ⓐ Alt + ↑ ⓑ Alt + ↓	작업한 ENTRY를 불러오는 기능 직전 ENTRY를 불러오는 기능 작업한 ENTRY를 모두 불러오는 기능

Entry 화면 1

```
> AN20MAYSELTYO5P/AKE

AN20MAYSELTYO5P/AKE
** AMADEUS AVAILABILITY - AN ** TYO TOKYO.JP                 117 TU 20MAY 1700
 1    KE2103  J9 CL DL IL RL Z2 Y9 /GMP I HND 3  1610    1830  E0/333       2:20
              B9 M9 S9 H9 E9 K9 L9 U9 Q9 TL GL
 2    KE 705  J7 CL DL IL RL Z2 Y9 /ICN 2 NRT 1  1835    2105  E0/7M8       2:30
              B9 M9 S9 H9 E9 K9 L9 U9 Q9 TL GL
 3    KE2105  J8 CL DL IL RL Z2 Y9 /GMP I HND 3  1840    2100  E0/7M8       2:20
              B9 M9 S9 H9 E9 K9 L9 U9 Q9 TL GL
 4JL:KE5709   J4 C4 Y4 B4 M4 S4    /GMP I HND 3  1920    2130  E0/788       2:10
 5    KE 719  J8 CL DL IL RL Z2 Y9 /ICN 2 HND 3  2030    2250  E0/7M8       2:20
              B9 M9 S9 H9 E9 K9 L9 U9 Q9 T9 GL
 6    KE1831  Y9 BL ML SL HL EL KL /GMP D PUS D  1925    2030  E0/223
              LL UL WL VL QL TL GL
      KE2129  J8 CL DL IL RL Z2 Y9 /PUS I NRT 1  0920+1  1135+1E0/7M8      16:10
              B9 M9 S9 H9 E9 K9 L9 U1 QL TL GL
*TRN*
>AN20MAYSELTYO5P/AKE
```

위의 화면과 같이 AN20MAYSELTYO5P/AKE가 직전 ENTRY인 경우 Alt + ↑로 직전 ENTRY를 불러올 수 있다.

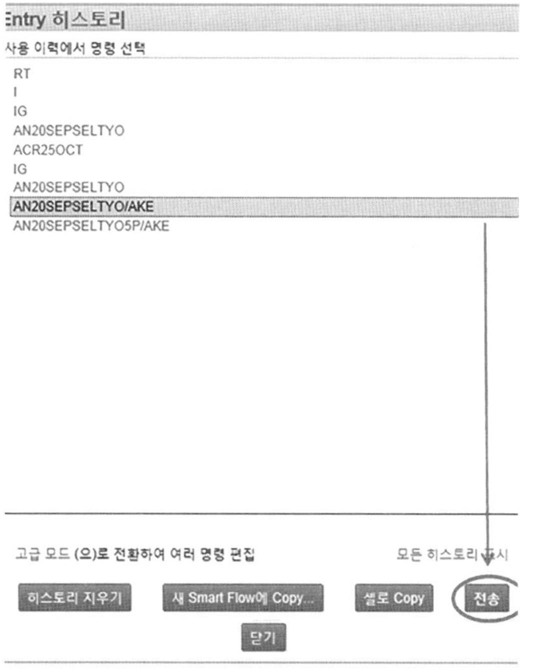

- Alt + ↓는 이전에 입력한 명령어들을 조회한 후 원하는 명령어를 선택하여 입력할 수 있는 기능
- 이 명령어들 중 원하는 명령어를 선택한 후 전송하면 선택한 명령어가 적용되어 응답화면이 조회됨

<표 2-1> ENTRY와 함께 쓰이는 기호

기호	명칭	기능
*	ASTERISK	- 명령어(Entry)의 항목 구분
/	SLASH	- 성과 이름 구분 - 수정
-	HYPHEN	- 연속 범위 지정
,	COMMA	- 비연속 범위 지정 - Title 구분

3 Scrolling(화면이동)

응답화면 하단에 아래 화면과 같이 PAGE 1/3, MD, 혹은)>라는 표시가 있다면 화면에 보여지지 않은 다음 페이지가 더 있다는 의미이다. 이때 다음 페이지의 화면으로 이동하기 위해서는 MD또는 M을, 이전 페이지의 화면으로 이동하기 위해서는 MU를 입력한다.

```
08 KNEVZLKS              450000 K  +     -       -   + + -   6M R
09 LLEVZRES              460000 L  +  S04MAY  03JUN+   + -   6M R
10 LLEVZRKS              480000 L  +  S04MAY  03JUN+   + -   6M R
>                                                PAGE  1/ 4
```

```
                         DO3,5
                         DO3-6

 -BY FLIGHT NUMBER       DOAY831                          MS232
                                                           >MD
```

```
    R  XOF - STRATFORD INTL RAIL ST  - 11K            /GB
    R  ZEP - VICTORIA RAILWAY STN    -  1K            /GB
    R  QQW - WATERLOO RAILWAY STN    -  3K            /GB
*TRN*
)>
```

위의 세 개의 화면은 모두 조회된 내용이 더 있다는 의미이다. 세 경우 모두 MD 또는 M과 MU를 이용하여 다음 페이지나 이전 페이지로 이동할 수 있다.

<표 2-2> 화면의 이동

ENTRY	TASK	기능
MD 또는 M	MOVE DOWN	다음 페이지로 이동
MU	MOVE UP	이전 페이지로 이동
MT	MOVE TO TOP	처음 페이지로 이동
MB	MOVE TO BOTTOM	마지막 페이지로 이동

④ Office ID (OID)

1) Office ID의 개념

TOPAS SellConnect에서 여행사에게 부여해 주는 TERMINAL CITY CODE

2) Office ID Structure

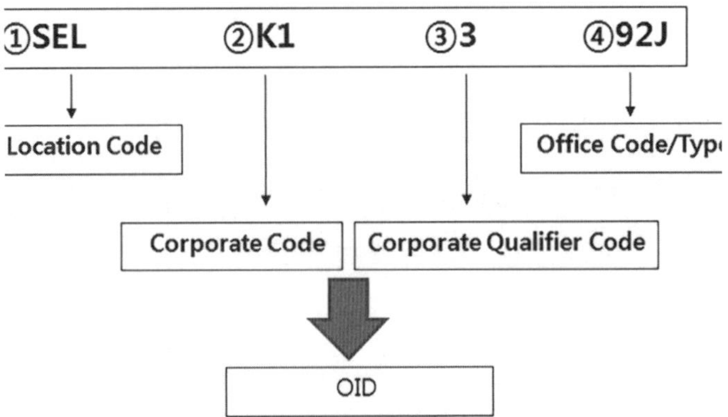

OUTPUT	EXPLANATION
① SEL	LOCATION CODE
② K1	CORPORATE CODE K1-TOPAS 1A-AMADEUS 1B-ABACUS
③ 3	CORPORATE QUALIFIER CODE 1-AIRLINES 2, 3-TRAVEL AGENT 4-HOTEL PROVIDER 5-CAR PROVIDER 6-TOUR PROVIDER 7-SURFACE PROVIDER 8-OTHER PROVIDER 9-WHOLESALER
④ 92J	OFFICE CODE/TYPE 대리점을 구별할 수 있는 고유 코드

5 ENCODE / DECODE

전 세계 항공사와 CRS(GDS)는 업무를 정확하고 신속하게 처리하기 위하여 IATA의 주관 하에 도시, 공항, 항공사, 국가, 주, 항공 기종 등에 대해 통일된 CODE를 사용하고 있다. 이 때 각각의 IATA NAME을 IATA CODE로 만드는 작업을 ENCODE라 하며, 반대로 IATA CODE의 의미를 풀어 IATA NAME을 알아내는 작업을 DECODE라고 한다.

1) Encode / Decode Entry 정리

구분	Encode	Decode
도시 (City)	DAN 도시 이름	DAC 도시 코드
국가 (Country)	DC 국가 이름	DC 국가 코드
주 (State)	DNS 주 이름	DNS 국가 코드 주 코드
항공사 (Airline)	DNA 항공사 이름	DNA 항공사 코드
기종 (Equipment)	DNE 기종 이름	DNE 기종 코드
렌터카(Car)	DNC 렌터카 회사 이름	DNC 렌터카 회사 코드
호텔(Hotel)	DNH 호텔 이름	DNH 호텔 코드

참고 도시 코드를 제외한 나머지는 Encode와 Decode 명령어가 동일

2) CITY(도시) Code

(1) ENCODE

>DAN SEOUL

ENTRY	TASK
DAN	DO A NAME
SEOUL	CODE 조회를 위한 CITY NAME

Entry 화면 1

```
> DAN SEOUL

DAN SEOUL
① A:APT B:BUS C:CITY P:PRT H:HELI O:OFF-PT R:RAIL S:ASSOC TOWN
② SEL C  SEOUL                                            /KR
③     A  SSN - AIR BASE                  - 17K            /KR
④     A  GMP - GIMPO INTERNATIONAL       - 16K            /KR
⑤     A  ICN - INCHEON INTERNATIONAL     - 48K            /KR
⑥     R  XSM - SEOUL RAIL STATION        -  1K            /KR
```

OUTPUT	EXPLANATION
① A: APT B: BUS C: CITY P: PRT H: HELI O: OFF-PT R: RAIL S: ASSOC TOWN	AIRPORT BUS STATION CITY PORT HELIPORT OFF-POINT(실제 공항이 없는 도시-대전:QTW) RAIL STATION ASSOCIATED TOWN(가까운 지역)
② SEL C SEOUL /KR	SEOUL의 CITY CODE(C)-SEL /NATION CODE
③ A SSN-AIR BASE	SEOUL AIR BASE의 AIRPORT CODE - SSN
④ A GMP-GIMPO	SEOUL GIMPO의 AIRPORT CODE - GMP
⑤ A ICN-INCHEON	SEOUL INCHEON의 AIRPORT CODE - ICN
⑥ R XSM-SEOUL RAIL STATION	SEOUL RAIL STATION CODE - XSM

>DAN LOS ANGELES

Entry 화면 1

```
> DAN LOS ANGELES

  DAN LOS ANGELES
  A:APT B:BUS C:CITY P:PRT H:HELI O:OFF-PT R:RAIL S:ASSOC TOWN
① LSQ C  LOS ANGELES                                      /CL
       A  LSQ - MARIA DOLORES           -  0K             /CL
② LAX*C  LOS ANGELES                                      /USCA
       A  LAX - LOS ANGELES INTL        -  0K             /USCA
       A  ONT - ONTARIO INTERNATIONAL   - 75K             /USCA
       A  VNY - VAN NUYS                - 30K             /USCA
       A  WHP - WHITEMAN                - 35K             /USCA
       H  CCD - CENTURY CITY HELIPORT   - 12K             /USCA
       H  JID - CITY OF INDUSTRY H/P    - 38K             /USCA
       H  JBP - COMMERCE BUS PARK HP    - 19K             /USCA
       H  JLX - UNION STN ANNEX HP      - 20K             /USCA
       H  JWC - WARNER CNTR PLAZA HP    -175K             /USCA
       P  QLO - FERRY PORT              -  3K             /USCA
```

OUTPUT	EXPLANATION
① LSQ C LOS ANGELES A LSQ-MARIA DOLORES /CL	LOS ANGELES의 CITY CODE-LSQ MARIA DOLORES의 AIRPORT CODE-LSQ /NATION CODE
② LAX*C LOS ANGELES /USCA	LOS ANGELES의 CITY CODE-LAX /NATION & STATE CODE

참고 LOS ANGELES와 같이 동일한 이름의 도시가 두 개 이상인 경우 모든 도시가 조회되므로 각각의 도시에 대한 국가 및 주를 반드시 확인해야 한다. 미국, 캐나다, 호주, 뉴질랜드와 같이 주(STATE)가 있는 나라들은 국가 코드와 주 코드가 함께 표시된다.

>DAN PARIS

Entry 화면 1

```
> DAN PARIS

DAN PARIS
A:APT B:BUS C:CITY P:PRT H:HELI O:OFF-PT R:RAIL S:ASSOC TOWN
① PAR C  PARIS                                          /FR
      A  BVA - BEAUVAIS TILLE           - 69K           /FR
      A  XCR - CHALONS VATRY            -135K           /FR
②     A  CDG - CHARLES DE GAULLE        - 22K           /FR
      A  LBG - LE BOURGET               - 14K           /FR
③     A  ORY - ORLY                     - 14K           /FR
      A  POX - PONTOISE CORMEILLES      - 35K           /FR
      A  VIY - VILLACOUBLAY VELIZY      - 14K           /FR
      H  JDP - ISSY LES MOULINEAUX HP   -  6K           /FR
      H  JPU - LA DEFENSE HELIPORT      -  9K           /FR
      B  XEX - AEROGARE DES INV BUS     -  3K           /FR
      B  XTT - ARC DE TRIOMPHE BUS ST   -  4K           /FR
      B  XGB - MONTPARNASSE BUS STN     -  3K           /FR
      R  XHP - GARE DE L'EST RAIL STN   -  3K           /FR
      R  LYY - GARE DE LYON             -  1K           /FR
      R  XPG - GARE DU NORD RAIL STN    -  3K           /FR
      R  XJY - MASSY TGV RAIL STATION   - 14K           /FR
      R  MPE - MONTPARNASSE RAILWAY STA-  3K            /FR
④ PHT C  PARIS                                          /USTN
      A  PHT - HENRY COUNTY             -  0K           /USTN
```

OUTPUT	EXPLANATION
① PAR C PARIS/FR	PARIS의 CITY CODE-PAR/NATION CODE
② A CDG-CHARLES DE GAULLE	CHARLES DE GAULLE의 AIRPORT CODE-CDG
③ A ORY-ORLY	ORLY의 AIRPORT CODE-ORY
④ PHT C PARIS A PHT-HENRY COUNTY /USTN	PARIS의 CITY CODE-PHT HENRY COUNTY의 AIRPORT CODE-PHT /NATION & STATE CODE

>DAN CHI*

Entry 화면 1

```
> DAN CHI*

  DAN CHI*
  A:APT B:BUS C:CITY P:PRT H:HELI O:OFF-PT R:RAIL S:ASSOC TOWN
① CNX C  CHIANG MAI                                        /TH
      A  CNX - CHIANG MAI INTL          -  0K              /TH
② CEI C  CHIANG RAI                                        /TH
      A  CEI - MAE FAH LUANG INTL       -  0K              /TH
③ ZDS C  CHIASSO                                           /CH
      R  ZDS - CHIASSO                  -  0K              /CH
④ CYI C  CHIAYI                                            /TW
      A  CYI - CHIAYI                   -  0K              /TW
⑤ QCB O  CHIBA                                             /JP
⑥ YMT C  CHIBOUGAMAU                                       /CAQC
      A  YMT - CHAPAIS                  -  0K              /CAQC
⑦ CHI C  CHICAGO                                           /USIL
      A  RFD - CHICAGO ROCKFORD INTL    -125K              /USIL
      A  DPA - DUPAGE                   - 49K              /USIL
      A  PWK - EXECUTIVE                - 35K              /USIL
      A  MDW - MIDWAY INTERNATIONAL     - 11K              /USIL
⑧     A  ORD - O HARE INTERNATIONAL     - 25K              /USIL
      R  ZUN - UNION RAILWAY STATION    -  3K              /USIL
```

도시 이름을 FULL NAME이 아닌 CHI*로 조회하면 CHI로 시작하는 도시들이 모두 조회된다.

OUTPUT	EXPLANATION
① CNX C CHIANG MAI/TH	CHIANG MAI의 CITY CODE-CNX /NATION CODE
② CEI C CHIANG RAI/TH	CHIANG RAI의 CITY CODE-CEI/NATION CODE
③ ZDS C CHIASSO/CH	CHIASSO의 CITY CODE-ZDS/NATION CODE
④ CYI C CHIAYI/TW	CHIAYI의 CITY CODE-CYI/NATION CODE
⑤ QCB O CHIBA/JP	CHIBA의 OFF-POINT CODE-QCB/NATION CODE
⑥ YMT C CHIBOUGAMAU/CAQC	CHIBOUGAMAU의 CITY CODE-YMT /NATION & STATE CODE
⑦ CHI C CHICAGO/USIL	CHICAGO의 CITY CODE-CHI /NATION & STATE CODE
⑧ A ORD-O HARE/USIL	O HARE의 AIRPORT CODE-ORD /NATION & STATE CODE

>DAN CHICAGO/S

Entry 화면 1

```
> DAN CHICAGO/S

DAN CHICAGO/S
A:APT B:BUS C:CITY P:PRT H:HELI O:OFF-PT R:RAIL S:ASSOC TOWN
MDW S CHICAGO HEIGHTS          - 38K SE      /USIL
ORD S CHICAGO HEIGHTS          - 72K SE      /USIL
ORD S CHICAGO MEDICAL SCH      -  0K         /USIL
ORD S CHICAGO OSTEOPATHIC      -  0K         /USIL
SMF S CHICAGO PARK             - 78K NE      /USCA
MDW S CHICAGO RIDGE            - 14K SW      /USIL
ORD S CHICAGO RIDGE            - 43K SE      /USIL
MDW S CHICAGO STATE U          - 17K SE      /USIL
ORD S CHICAGO STATE U          - 48K SE      /USIL
ORD S CHICAGO UNIV OF          - 40K SE      /USIL
MDW S CHICAGO UNIVERSITY OF    - 14K E       /USIL
```

도시이름 뒤에 /S로 연결하여 조회하면 해당 도시의 ASSOCIATE TOWN(인근지역)확인이 가능하다.

>DAN INCHEON

Entry 화면 1

```
> DAN INCHEON

DAN INCHEON
A:APT B:BUS C:CITY P:PRT H:HELI O:OFF-PT R:RAIL S:ASSOC TOWN
JCN C  INCHEON                                    /KR
    H  JCN - HELIPORT              -  0K          /KR
SEL C  SEOUL                                      /KR
    A  ICN - INCHEON INTERNATIONAL - 48K          /KR
```

INCHEON, GIMPO, NARITA, HANEDA와 같은 AIRPORT에 대한 ENCODE 방법도 CITY ENCODE 방법과 동일하다.

(2) DECODE

>DAC TYO

ENTRY	TASK
DAC	DO A CODE
TYO	NAME 조회를 위한 CITY CODE

Entry 화면 1

```
> DAC TYO

DAC TYO
A:APT B:BUS C:CITY P:PRT H:HELI O:OFF-PT R:RAIL S:ASSOC TOWN
CITY :
① TYO C  TOKYO                  /JP:JAPAN
② LATITUDE: 35°41'22"N          LONGITUDE: 139°41'30"E
③ TIME DIFF: GMT +9H            LOCAL TIME IS 1950 ON THU23JAN25
AIRPORT-HELIPORT :
④ NRT A  NARITA INTL            /JP      - 62K
⑤ HND A  TOKYO INTL HANEDA      /JP      - 17K
⑥ OKO A  YOKOTA AB              /JP      - 32K
RAIL-PORT-BUS STATION :
⑦ LMJ B  BUS STATION            /JP      -  6K
```

OUTPUT	EXPLANATION
① TYO C TOKYO /JP	TYO의 NAME-TOKYO / NATION CODE
② LATITUDE / LONGITUDE 35° 41' 22" N 139° 41' 30" E	해당 도시의 위도와 경도 북위(N) 35도 41분 22초 동경(E) 139도 41분 30초
③ TIME DIFF : GMT + 9H LOCAL TIME IS 1950 ON THU23JAN25	GREENWICH MEAN TIME 기준 +9시간 해당 도시의 현지 시간 2025년 1월 23일 목요일 19시 50분
④ NRT A NARITA INTL	NARITA AIRPORT의 CODE-NRT
⑤ HND A TOKYO INTL HANEDA	HANEDA AIRPORT의 CODE-HND
⑥ OKO A YOKOTA AB	YOKOTA AB AIRPORT의 CODE-OKO
⑦ LMJ B BUS STATION	BUS STATION의 CODE-LMJ

>DAC FRA

Entry 화면 1

```
> DAC FRA

DAC FRA
A:APT B:BUS C:CITY P:PRT H:HELI O:OFF-PT R:RAIL S:ASSOC TOWN
CITY :
① FRA*C  FRANKFURT              /DE:GERMANY
② LATITUDE: 50°02'26"N          LONGITUDE: 08°33'22"E
③ TIME DIFF: GMT +1H            LOCAL TIME IS 1250 ON THU23JAN25
④ DAYLIGHT SAVING: 30MAR25 AT 0100 TO 26OCT25 AT 0100: +2H
                   29MAR26 AT 0100 TO 25OCT26 AT 0100: +2H
AIRPORT-HELIPORT :
⑤ FRA A  FRANKFURT INTL         /DE      -  0K
⑥ HHN A  HAHN AIRPORT           /DE      - 93K
RAIL-PORT-BUS STATION :
⑦ ZRB R  HBF RAILWAY STATION    /DE      - 11K
⑧ QGV R  NEU ISENBURG RAIL STN  /DE      -  8K
```

OUTPUT	EXPLANATION
① FRA C FRANKFURT /DE	FRA의 NAME-FRANKFURT/NATION CODE
② LATITUDE / LONGITUDE 50° 02' 26" N 08° 33' 22" E	해당 도시의 위도와 경도 북위(N) 50도 02분 26초 동경(E) 08도 33분 22초
③ TIME DIFF : GMT +1H LOCAL TIME IS 1250 ON THU23JAN25	GREENWICH MEAN TIME 기준 +1시간 해당 도시의 현지 시간 2025년 1월 23일 목요일 12시 50분
④ DAYLIGHT SAVING 30MAR25 AT 0100 TO 26OCT25 AT 0100 +2H	SUMMER TIME 시행 2025년 3월 30일 01시부터 2025년 10월 26일 01시까지 +2시간
⑤ FRA A FRANKFURT INTL	FRANKFURT의 AIRPORT CODE-FRA
⑥ HHN A HAHN AIRPORT	HAHN의 AIRPORT CODE-HHN
⑦ ZRB R HBF RAILWAY	HBF(중앙역)의 RAIL STATION CODE-ZRB
⑧ QGV R NEU ISENBURG	NEU ISENBURG의 RAIL STATION CODE-QGV

>DAC GMP

Entry 화면 1

```
> DAC GMP

DAC GMP
A:APT B:BUS C:CITY P:PRT H:HELI O:OFF-PT R:RAIL S:ASSOC TOWN
CITY :
  SEL C  SEOUL                   /KR:KOREA REPUBLIC OF
  LATITUDE: 37°33'30"N           LONGITUDE: 126°47'26"E
  TIME DIFF: GMT +9H             LOCAL TIME IS 2001 ON THU23JAN25
AIRPORT-HELIPORT :
  GMP A  GIMPO INTERNATIONAL     /KR       - 16K
```

GMP, ICN, NRT, HND와 같은 AIRPORT에 대한 DECODE 방법도 CITY DECODE 방법과 동일하다.

3) NATION(국가) Code

(1) ENCODE

>DC CHINA

ENTRY	TASK
DC	DO COUNTRY
CHINA	CODE 조회를 위한 NATION NAME

Entry 화면 1

```
> DC CHINA

  DC CHINA
① CN   CHINA/ASIA REGION           TC3

② CNY  YUAN RENMINBI               LOCAL/INTL PUBLISHED

  CHN  CHINA CITIZEN
```

OUTPUT	EXPLANATION
① CN CHINA /ASIA REGION TC3	CHINA의 NATION CODE-CN /ASIA TC3 지역
② CNY YUAN RENMINBI	CURRENCY CODE-CNY(위안 인민폐)

(2) DECODE

>DC FR

ENTRY	TASK
DC	DO COUNTRY
FR	NAME 조회를 위한 COUNTRY CODE

Entry 화면 1

```
> DC FR

DC FR
① FR    FRANCE/EUROPE                   TC2
        CORSICA

② EUR   EURO                            LOCAL/INTL PUBLISHED

FRA   FRANCE CITIZEN
FXX   FRANCE, METROPOLITAN CITIZEN
```

OUTPUT	EXPLANATION
① FR FRANCE /W EUROPE TC2	FR의 COUNTRY NAME-FRANCE /WEST EUROPE TC2 지역
② EUR EURO	CURRENCY CODE-EUR(유로)

COUNTRY CODE에 대한 ENCODE와 DECODE의 명령어는 동일하다.

<표 2-3> IATA AREA 구분

구분	AREA	SUB AREA
서반구	AREA1 TC1	NORTH AMERICA (북미)
		CENTRAL AMERICA (중미)
		SOUTH AMERICA (남미)
		CARREBEAN ISLAND (카리브해)
동반구	AREA2 TC2	EUROPE (유럽)
		AFRICA (아프리카)
		MIDDLE EAST (중동)
	AREA3 TC3	KOREA / JAPAN (한국/일본)
		SOUTH EAST ASIA (동남 아시아)
		SOUTH ASIAN SUB CONTINENT (남아시아 대륙)
		SOUTH WEST PACIFIC (남태평양)

자료 : TOPAS 발권실무(2019)

4) STATE(주) Code

(1) ENCODE

>DNS HAWAII

ENTRY	TASK
DNS	DON' T KNOW STATE
HAWAII	CODE 조회를 위한 STATE NAME

Entry 화면 1

```
> DNS HAWAII

DNS HAWAII
① US HI HAWAII/UNITED STATES OF AMERICA
*TRN*

>
```

OUTPUT	EXPLANATION
① US HI HAWAII /UNITED STATES OF AMERICA	미국 HAWAII 주의 CODE-HI /NATION NAME

(2) DECODE

>DNS US CA

ENTRY	TASK
DNS	DON'T KNOW STATE
US	조회하고자 하는 STATE의 NATION CODE
CA	NAME 조회를 위한 STATE CODE

Entry 화면 1

```
> DNS US CA

DNS US CA
① US CA CALIFORNIA/UNITED STATES OF AMERICA
*TRN*

>
```

OUTPUT	EXPLANATION
① US CA CALIFORNIA /UNITED STATES OF AMERICA	미국 CA주의 NAME-CALIFORNIA /NATION NAME

참고 STATE DECODE 시에는 STATE CODE 앞에 US(미국), CA(캐나다), AU(호주), NZ(뉴질랜드) 등과 같이 해당 STATE의 NATION CODE를 함께 입력하여야 한다. 그러나 STATE ENCODE 시에는 NATION CODE를 입력하지 않는다.

5) AIRLINE(항공사) Code

(1) ENCODE

ENTRY	TASK
DNA KOREAN AIR	DON'T KNOW AIRLINE CODE 조회를 위한 AIRLINE NAME

 Entry 화면 1

```
>  DNA KOREAN AIR

   DNA KOREAN AIR
①  KE/KAL 180 KOREAN AIR
   *TRN*

>
```

OUTPUT	EXPLANATION
① KE KAL 180	KOREAN AIR의 IATA CODE(2 LETTER CODE) KOREAN AIR의 ICAO CODE(3 LETTER CODE) KOREAN AIR의 NUMERIC CODE

(2) DECODE

>DAN OZ

ENTRY	TASK
DNA	DON'T KNOW AIRLINE
OZ	NAME 조회를 위한 AIRLINE CODE

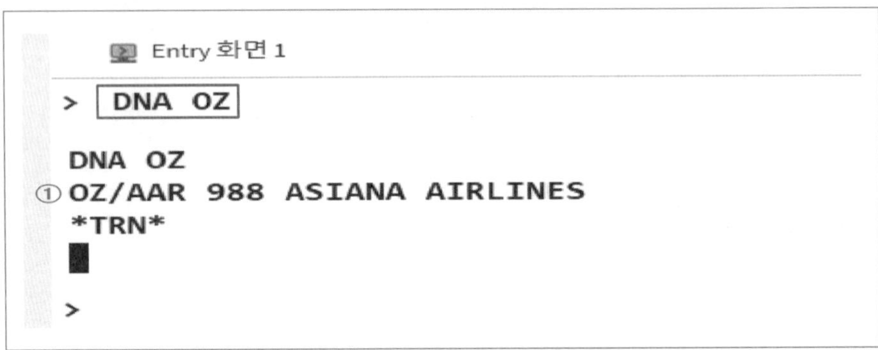

OUTPUT	EXPLANATION
① AAR	OZ의 ICAO CODE(3 LETTER CODE)
988	OZ의 NUMERIC CODE
ASIANA AIRLINES	OZ의 NAME

>DNA 160

ENTRY	TASK
DNA	DON'T KNOW AIRLINE
160	NAME & CODE 조회를 위한 NUMERIC CODE

Entry 화면 1

```
> DNA 160

DNA 160
① CX/CPA 160 CATHAY PACIFIC
*TRN*

>
```

OUTPUT	EXPLANATION
① CX CPA CATHAY PACIFIC	NUMERIC CODE 160의 IATA CODE NUMERIC CODE 160의 ICAO CODE NUMERIC CODE 160의 AIRLINE NAME

참고 AIRLINE에 대해서는 NAME, CODE, NUMERIC CODE로 조회할 수 있으며, 응답 화면은 모두 동일하다.

6) AIRCRAFT(기종) Code

>DNE 380

ENTRY	TASK
DNE	DON'T KNOW EQUIPMENT
380	에어버스 기종

Entry 화면 1

```
> DNE 380

DNE 380
380 W AIRBUS INDUSTRIE A380                    JET  480-656
```

>DNE BOEING

ENTRY	TASK
DNE	DON'T KNOW EQUIPMENT
BOEING	보잉기종

Entry 화면 1

```
> DNE BOEING

DNE BOEING
D1X W BOEING (DOUGLAS) DC-10-10 FREIGHTER   JET    1- 10
D11 W BOEING (DOUGLAS) DC-10-10/15          JET  237-374
D1M W BOEING (DOUGLAS) DC-10-30 MIXED CONFIGJET    1- 10
D1C W BOEING (DOUGLAS) DC-10-30/40          JET  229-357
D1Y W BOEING (DOUGLAS) DC-10-30/40 FREIGHTERJET    1- 10
DC3 N BOEING (DOUGLAS) DC-3                 PIST  18- 30
D3F N BOEING (DOUGLAS) DC-3 FREIGHTER       JET    1- 10
DC4 N BOEING (DOUGLAS) DC-4                 PIST   1- 10
D6F N BOEING (DOUGLAS) DC-6A/B/C FREIGHTER  TURB   0-  0
DC6 N BOEING (DOUGLAS) DC-6B                PIST  52- 80
D8T N BOEING (DOUGLAS) DC-8-50 FREIGHTER    JET    1- 10
D8X N BOEING (DOUGLAS) DC-8-61/62/63 FREIGHTJET    1- 10
D8L N BOEING (DOUGLAS) DC-8-62              JET  150-204
D8M N BOEING (DOUGLAS) DC-8-62 MIXED CONFIG JET  118-118
D8Y N BOEING (DOUGLAS) DC-8-71/72/73 FREIGHTJET    1- 10
D8Q N BOEING (DOUGLAS) DC-8-72              JET  170-204
```

7) HOTEL Code

>DNH INTERCONTINENTAL

ENTRY	TASK
DNH	DON' T KNOW HOTEL
INTERCONTINENTAL	CODE 조회를 위한 HOTEL NAME

Entry 화면 1

```
> DNH INTERCONTINENTAL

DNH INTERCONTINENTAL
  CHAIN CODE : IC  INTERCONTINENTAL
    ^ 6C  INTERCON HTLS GRP (MASTER)
```

>DNH HY

ENTRY	TASK
DNH	DON'T KNOW HOTEL
HY	NAME 조회를 위한 HOTEL CODE

Entry 화면 1

```
> DNH HY

DNH HY
  CHAIN CODE : HY  HYATT HOTELS
    ^ LH  LOVE HYATT (MASTER)
```

8) CAR(렌터카) Code

>DNC HERTZ

ENTRY	TASK
DNC	DON'T KNOW CAR
HERTZ	CODE 조회를 위한 RENT-A-CAR NAME

Entry 화면 1

```
> DNC HERTZ

DNC HERTZ
ZE   HERTZ                  - VARIOUS        (COMPLETE ACCESS PLUS)
     MORE INFORMATION GGCARZE
```

>DNC ZL

ENTRY	TASK
DNC	DON'T KNOW CAR
ZL	NAME 조회를 위한 RENT-A-CAR CODE

Entry 화면 1

```
> DNC ZL

DNC ZL
ZL   NATIONAL               - VARIOUS        (COMPLETE ACCESS PLUS)
     MORE INFORMATION GGCARZL
```

CITY CODE 유형

1. 도시 이름의 첫 글자 3자리

CITY	CODE	CITY	CODE
LONDON	LON	CHICAGO	CHI
ROME	ROM	DENVER	DEN
FRANKFURT	FRA	SEATTLE	SEA
PARIS	PAR	BOSTON	BOS

2. 도시 이름의 첫 글자 + 선택 2자

CITY	CODE	CITY	CODE
SEOUL	SEL	TOKYO	TYO
HONOLULU	HNL	BANGKOK	BKK
MANILA	MNL	ZURISH	ZRH
GUAM	GUM	SAIPAN	SPN

3. 캐나다 도시의 첫 글자는 Y

CITY	CODE	CITY	CODE
VANCOUVER	YVR	TORONTO	YTO
CALGARY	YYC	OTTAWA	YOW
HALIFAX	YHZ	WINNIPEG	YWG

4. 기타

CITY	CODE	CITY	CODE
PORTLAND	PDX	LOS ANGELES	LAX
SANTIAGO	SCL	BEIJING	BJS

INTERNATIONAL AIR TRANSPORT ASSOCIATION ; IATA

국제항공운송협회(IATA)는 2차 세계대전 이후 항공운송의 비약적인 발전에 따라 발생되는 국가 간 이해관계를 조정하고 항공사 간 협력을 강화할 목적으로 설립된 순수 민간의 국제협력 기구이다. IATA는 INTERNATIONAL CIVIL AVIATION ORGANIZATION ; ICAO의 협의기구이자 준 공공 기구이다.

IATA의 성과는 항공운송과 관련된 각종 절차에 대해 표준 방식을 설정한 것이며 주요 기능은 항공운임의 결정, 항공운송 절차의 제정에 있다. IATA의 운송회의에서 결정되는 항공운임 및 서비스의 조건, 운송절차, 대리점에 관한 규정 등은 전 세계 회원 항공사와 여행사에 대하여 구속력을 가지고 있으며 각국 정부는 이에 따르고 있다.

IATA에서는 세계 어디서나 항공권의 예약 및 발권을 가능하게 하고 통일된 기준으로 항공운임을 지불할 수 있도록 국제선 항공권 판매대금 정산을 위한 BSP(BANK SETTLEMENT PLAN) 및 국제선 항공화물운임 정산을 위한 CASS(CARGO ACCOUNTS SETTLEMENT SYSTEM)를 채택하고 있다(IATA, 2024).

연습문제

A 다음 도시 코드를 각각 DECODE, ENCODE하여 빈 칸을 채우시오.

CITY	CITY CODE	주요 AIRPORT CODE
SEOUL		GMP ICN
	PUS	
JEJU		
	ANC	
CHICAGO		ORD
	LAX	
BOSTON		
	SEA	
HONOLULU		
	WAS	IAD DCA
SAN FRANCISCO		
	NYC	JFK LGA EWR
SAO PAULO		
	MEX	
TORONTO		
	YVR	
AMSTERDAM		
	FRA	
PARIS		CDG ORY
	ZRH	
MADRID		
	ROM	
LONDON		LHR LCY

	IST	
CAIRO		
	MOW	SVO
TOKYO		HND NRT
	OSA	ITM KIX
FUKUOKA		
	BKK	
KUALA LUMPUR		
	HKG	
MANILA		
	SGN	
SINGAPORE		
	CAN	
BEIJING		PEK
	SHA	SHA PVG
TAIPEI		
	BOM	
GUAM		
	SPN	
SYDNEY		
	AKL	

B 다음 항공사 코드를 각각 DECODE, ENCODE하여 빈 칸을 채우시오.

AIRLINE	CODE	AIRLINE	CODE
KOREAN AIR			OZ
AMERICAN AIRLINES			UA
DELTA AIRLINES			LJ
AIR CANADA			7C
LUFTHANSA			TK
ITA AIRWAYS			ZE
BRITISH AIRWAYS			AF
KLM ROYAL DUTCH			SK
JAPAN AIRLINES			NH
CATHAY PACIFIC			SQ
AIR CHINA			MU
CHINA SOUTHERN AIRLINES			PR
THAI AIRWAYS			QF
AIR NEWZEALAND			EK

C 다음 국가 코드를 각각 DECODE, ENCODE하여 빈 칸을 채우시오.

NATION	CODE	NATION	CODE
KOREA			GU
CANADA			US
NEW ZEALAND			SA
AUSTRALIA			BE
RUSSIA			BR
MEXICO			AR
SWEDEN			GB
VIETNAM			IN
JAPAN			CN
FRANCE			PH

D 다음 미국의 주 코드를 각각 DECODE, ENCODE하여 빈 칸을 채우시오.

STATE	CODE	STATE	CODE
HAWAII			IL
FLORIDA			UT
PENNSYLVANIA			ME
TEXAS			OH
COLORADO			WA
KENTUCKY			OR

E 캐나다 ONTARIO 주의 도시 LONDON의 CODE는?

F 미국 MINNESOTA 주의 도시 ROCHESTER의 CODE는?

G 미국 OREGON 주의 도시 PORTLAND의 CODE는?

⑥ Availability(예약가능편) Display

1) Basic Entry (HE AN)

>AN 25MAY SEO TYO

ENTRY	TASK
AN	AVAILABILITY 조회 명령어
25MAY	DEPARTURE DATE (출발일)
SEL	DEPARTURE CITY (출발도시)
TYO	ARRIVAL CITY (도착도시)

참고 출발지와 도착지는 도시 코드와 공항 코드 모두 조회가 가능하다.
도시 코드로 조회할 경우 해당 도시의 모든 공항이 조회되나 공항 코드로 조회하면 해당 공항만 조회된다.

Entry 화면 1

```
> AN 25 MAY SEL TYO

AN25MAYSELTYO
                                     ①       ②
** AMADEUS AVAILABILITY - AN ** TYO TOKYO.JP              ③111 SU 25MAY 0000
 1NH:OZ9128  CL DL ZL UL Y4 B4 M4 /GMP I HND I  0740   0950  E0/788        2:10
             E4 Q4 K4 WL                 ⑧           ⑨       ⑩
 2 ⑤NH 862   JL CL DL ZL PL Y9 B9 /GMP I HND    0740   0950  E0/787      ⑬ 2:10
             M9 U9 H9 Q9 VL WL SL LL KL                        ⑪ ⑫
 3JL:KE5711  Y4 B4 M4 S4 H4 E4 K4 /GMP I HND 3  0755   1005  E0/73H        2:10
   ⑥         L4 U4 Q4 T4
 4   JL 090  J3 CL DL IL XL Y9 B9 /GMP I HND 3  0755   1005  E0/73H        2:10
           ⑦ H9 K9 M9 L9 V9 S9 GL
 5OZ:NH6968  JL CL DL ZL PL Y4 B4 /GMP I HND 3  0840   1045  E0/333        2:05
             M4 U4 H4 Q4 V4 W4 S4 LL KL
 6   OZ1085  J9 CL DL ZL UL PL Y9 /GMP I HND 3  0840   1045  E0/333        2:05
             B9 M9 H9 E9 Q9 AL K9 S9 V9 WL TL LL GR
 7   OZ 102  J9 C9 D9 Z9 U7 P3 Y9 /ICN 1 NRT 1  0900   1120  E0/333        2:20
             B9 M9 H9 E9 Q9 AL K9 S9 VL WL TL LL GR
 8KE:JL5234  J9 Y9                /GMP I HND 3  0900   1120  E0/333        2:20
 9OZ:NZ4060  C4 D4 Z4 J4 U4 E4 O4 /ICN 1 NRT 1  0900   1120  E0/333        2:20
             A4 Y4 B4 M4 H4 Q4 V4 W4 T4 L0 S0 G0 K0 P0
10   KE2101  J9 CL DL IL RL ZL Y9 /GMP I HND 3  0900   1120  E0/333        2:20
 ④           B9 M9 S9 H9 E9 K9 L9 U9 QL TL GL
```

OUTPUT	EXPLANATION
① AN	AVAILABILITY NEUTRAL 특정 항공사에 유리하지 않도록 중립적으로 DISPLAY됨
② TYO TOKYO .JP	ARRIVAL CITY CODE & NAME .NATION CODE
③ 111 SU 25MAY 0000	조회한 날부터 출발일까지 남은 일자 출발요일 날짜 기준시간
④ 1~10	LINE NUMBER
⑤ NH 862	AIRLINE CODE & FLIGHT NUMBER (항공편)
⑥ JL:KE5711	CODE SHARE (JL-OPERATING CARRIER, KE-MARKETING CARRIER)
⑦ J3 CL DL IL XL Y9 B9 H9 K9 M9 L9 V9 S9 GL	BOOKING CLASS & NUMBER OF AVAILABLE SEATS 9 : 9 혹은 그 이상의 좌석 수 존재함 1-8 : 실제 남은 좌석 수 E : SHUTTLE FLIGHT(남은 좌석 수 보여주지 않음) L, 0 : WAITLIST R : REQUEST(항공사에서 CONTROL) C, S : CLOSED, SOLD OUT(SN 항목)
⑧ GMP I HND I	DEPARTURE & ARRIVAL AIRPORT DEPARTURE & ARRIVAL AIRPORT TERMINAL
⑨ 0740 0950	DEPARTURE & ARRIVAL TIME(LOCAL TIME) 도착 시간에 아무 표시가 없다면 도착 날짜는 출발 날짜와 동일함
⑩ E	E-TICKET 발권 가능 표시
⑪ 0	NUMBER OF STOP POINT (경유횟수)
⑫ 763	EQUIPMENT (기종)
⑬ 2:05	TOTAL TIME (비행 시간)

CODE SHARE FLIGHT

1. COMMERCIAL DUPLICATION

일반 승객에게 OPERATING CARRIER와 MARKETING CARRIER가 모두 좌석을 판매하는 형태로 AC : NH6812의 형식으로 표시된다.
; AC-OPERATING CARRIER, NH-MARKETING CARRIER
(AC, NH 모두 좌석 판매)

2. SHARED AIRLINE DESIGNATION

일반 승객에게 OPERATING CARRIER는 좌석을 판매하지 않고 MARKETING CARRIER에서만 판매하는 형태로 EH * NH2146의 형식으로 표시된다.
; EH-OPERATING CARRIER, NH-MARKETING CARRIER (NH만 좌석 판매)

<표 2-4> MONTH CODE

MONTH	CODE	MONTH	CODE	MONTH	CODE
1월	JAN	2월	FEB	3월	MAR
4월	APR	5월	MAY	6월	JUN
7월	JUL	8월	AUG	9월	SEP
10월	OCT	11월	NOV	12월	DEC

<표 2-5> DAY CODE

DAY	CODE	DAY	CODE	DAY	CODE
월요일	MO(1)	화요일	TU(2)	수요일	WE(3)
목요일	TH(4)	금요일	FR(5)	토요일	SA(6)
일요일	SU(7)				

참고 DOB(DATE OF BIRTH)는 DDMMMYY 형식으로 표기한다.
즉 2024년 12월 1일인 경우 01DEC24로 표기한다.

>AN15OCTNYCSEL

```
Entry 화면 1
> AN15OCTNYCSEL

AN15OCTNYCSEL
** AMADEUS AVAILABILITY - AN ** SEL SEOUL.KR              254 WE 15OCT 0000
  1   KE 086  F7 AL J9 C9 D9 I9 R9 /JFK 1 ICN 2  0050   0510+1E0/77W      15:20
              Z6 Y9 B9 M9 S9 H9 E9 K9 L9 U9 Q9 T9 G9
  2   OZ 221  J9 C9 D9 Z9 U9 P9 Y9 /JFK 1 ICN 1  1300   1730+1E0/359      15:30
              B9 M9 H9 E9 Q9 A9 K9 S9 V9 W9 T9 L9 G9
① 3OZ:UA7294  J9 C9 D9 Z9 P9 Y9 B9 /JFK 1 ICN 1  1300   1730+1E0/359      15:30
              M9 E9 U9 H9 Q9 V9 W9 S9 T9 L9 K9 G9
  4   KE 082  F9 AL J9 C9 D9 I9 R9 /JFK 1 ICN 2  1310   1750+1E0/388      15:40
              Z6 Y9 B9 M9 S9 H9 E9 K9 L9 U9 Q9 T9 G9
  5   6X5500  Y9 B6 H9 K9 M9 V9 G9 /JFK   LHR    0500   1400  E0/733
              E
②     LH2477  J9 C9 D9 Z9 P9 Y9 B9 /LHR 2 MUC 2  1625   1915  E0/32A
              M9 U9 H9 Q9 V9 W9 S9 T9 L9 K9
      LH9357  J9 C9 D9 Z9 P9 Y9 B9 /MUC 2 ICN    2150   0730+1E0/321      13:30
```

OUTPUT	EXPLANATION
①	3번 라인은 10월 15일 UA7294편(OPERATED BY OZ) NYC의 JFK 공항 출발, SEL의 ICN 공항 도착 (13시 00분 출발, 17시 30분+1 도착) 총 비행시간은 15시간 30분 NON-STOP FLIGHT이며 실제 운항하는 항공사는 OZ
②	5번 라인은 10월 15일 6X5500편 NYC의 JFK 공항 출발, LON의 LHR 공항 도착 (05시 00분 출발, 14시 00분 도착) LH2477편 LON의 LHR공항 출발, MUC 도착 (16시 25분 출발, 19시 15분 도착) LH9357편 MUC 출발, SEL의 ICN 공항 도착 (21시 50분 출발, 07시 30분+1 도착) 총 비행시간은 13시간 30분

2) DUAL CITY PAIR DISPLAY

>AN15JUNSELHKG*15JUL

ENTRY	TASK
AN15JUNSELHKG	AN IN THE UPPER PART
*	ASTERISK AS SEPARATOR
15JUL	DEPARTURE DATE IN THE LOWER PART

두 개의 여정이 왕복인 경우 두 번째 여정의 출발지와 도착지는 생략할 수 있다.

Entry 화면 1

```
> AN15JUNSELHKG*15JUL

AN15JUNSELHKG*15JUL
** AMADEUS AVAILABILITY - AN ** HKG HONG KONG.HK              132 SU 15JUN 0000
①1    KE 171  J9 C9 D9 I8 R6 Z5 Y9 /ICN 2 HKG 1  0805    1055  E0/333        3:50
              B9 M9 S9 H9 E9 K9 L9 U9 Q9 T9 G9
 2    OZ 721  J9 C8 D6 Z4 U2 PL Y9 /ICN 1 HKG 1  0900    1150  E0/333        3:50
              B9 M9 H9 E9 Q9 AL K9 S9 V9 WL TL LL GR
 3OZ:HX1551   D9 J9 B9 H9 K9 L9 M9 /ICN 1 HKG 1  0900    1150  E0/333        3:50
              N9 S9 X9
 4    KE 173  J9 C9 D7 I5 R3 Z5 Y9 /ICN 2 HKG 1  0950    1250  E0/333        4:00
              B9 M9 S9 H9 E9 K9 L9 U9 Q9 T9 G9
 5    CX 417  J9 C9 D9 P9 I4 Y9 B9 /ICN 1 HKG 1  1010    1300  E0/333        3:50
              H9 K9 M9 L9 V9 S9 N9 Q9 OL
** AMADEUS AVAILABILITY - AN ** SEL SEOUL.KR                  162 TU 15JUL 0000
②11   OZ 746  J9 C9 D9 Z9 U9 P2 Y9 /HKG 1 ICN 1  0030    0450  E0/333        3:20
              B9 M9 H9 E9 Q9 A9 K9 S9 V9 LL GR
 12OZ:HX1566  D9 J9 B9 H9 K9 L9 M9 /HKG 1 ICN 1  0030    0450  E0/333        3:20
              N9 S9 X9
 13KE:VS5516  J9 C9 D9 I9 Z9 Y9 B9 /HKG 1 ICN 2  0045    0525  E0.77W   TR   3:40
              R9 L9 U9 M9 E9 Q9 X9 N9 O9
 14   KE 178  J9 C9 D9 I9 R9 Z5 Y9 /HKG 1 ICN 2  0045    0525  E0/77W        3:40
```

OUTPUT	EXPLANATION
①	1번 라인부터 5번 라인은 6월 15일 SEL의 ICN 공항 출발, HKG 도착 6번 라인부터 10번 라인은 화면에 보이지 않으나 같은 스케줄 1번 라인은 KE171편 08시 05분 출발, 10시 55분 도착 총 비행시간은 3시간 50분
②	11번 라인부터 14번 라인은 7월 15일 HKG 출발, SEL의 ICN 공항 도착 11번 라인은 OZ746편 00시 30분 출발, 04시 50분 도착 총 비행시간은 3시간 20분

>AN15JUNSELHKG*15JULHKGSIN

ENTRY	TASK
AN15NOVSELHKG	AN IN THE UPPER PART
*	ASTERISK AS SEPARATOR
15DECHKGSIN	AN IN THE LOWER PART

Entry 화면 1

```
> AN15JUNSELHKG*15JULHKGSIN

AN15JUNSELHKG*15JULHKGSIN
** AMADEUS AVAILABILITY - AN ** HKG HONG KONG.HK            132 SU 15JUN 0000
 1   KE 171  J9 C9 D9 I8 R6 Z5 Y9 /ICN 2 HKG 1  0805    1055  E0/333        3:50
             B9 M9 S9 H9 E9 K9 L9 U9 Q9 T9 G9
 2OZ:HX1551  D9 J9 B9 H9 K9 L9 M9 /ICN 1 HKG 1  0900    1150  E0/333        3:50
             N9 S9 X9
 3   OZ 721  J9 C8 D6 Z4 U2 PL Y9 /ICN 1 HKG 1  0900    1150  E0/333        3:50
             B9 M9 H9 E9 Q9 AL K9 S9 V9 WL TL LL GR
 4   KE 173  J9 C9 D7 I5 R3 Z5 Y9 /ICN 2 HKG 1  0950    1250  E0/333        4:00
             B9 M9 S9 H9 E9 K9 L9 U9 Q9 T9 G9
 5   CX 417  J9 C9 D9 P9 I4 Y9 B9 /ICN 1 HKG 1  1010    1300  E0/333        3:50
             H9 K9 M9 L9 V9 S9 N9 Q9 OL
** AMADEUS AVAILABILITY - AN ** SIN SINGAPORE.SG            162 TU 15JUL 0000
11CX:AY5133  J1 C1 D1 R1 I1 Y1 B1 /HKG 1 SIN 4  0140    0530  E0/333  TR    3:50
             H1 K1 M1 L1 V1 S1 N1 Q1 O1
12   CX 659  J9 C9 D9 P9 I9 Y9 B9 /HKG 1 SIN 4  0140    0530  E0/333        3:50
             H9 K9 M9 L9 V9 S9 N9 Q9 O9
13   6X 971  J9 D9 I9 U9 Y9       /HKG   SIN    0145    0540  E0/332        3:55
14   SQ 897  Z9 C9 J9 U9 D9 Y9 B9 /HKG 1 SIN 0  0800    1145  E0/359        3:45
             E9 M9 H9 W9 Q9 N9
15SQ:VA5777  J9 C9 D9 Y9 B9 W9 R9 /HKG 1 SIN 0  0800    1145  E0/359  TR    3:45
             E9 O9 N9 V9 P9 Q9
```

1번 라인부터 5번 라인까지 6월 15일 SEL-HKG AVAILABILITY이다.
6번 라인부터 10번 라인까지 화면에 보이지는 않지만 같은 스케줄이다.
11번 라인부터 15번 라인까지 7월 15일 HKG-SIN AVAILABILITY이다.
왕복이 아닌 2구간일 경우 뒤에 구간 표시를 해줘야 한다.

3) 항공사 지정

(1) 특정 항공사 지정 조회

>AN15JUNSELBKK/ATG

ENTRY	TASK
AN15JANSELBKK	AN BASIC ENTRY
/	SLASH AS OPTION
A	AIRLINE
TG	SPECIFIC AIRLINE

Entry 화면 1

```
> AN15JUNSELBKK/ATG

AN15JUNSELBKK/ATG
** AMADEUS AVAILABILITY - AN ** BKK BANGKOK.TH                132 SU 15JUN 0000
 1    TG 659  C9 D9 J9 Z9 Y9 B9 M9 /ICN 1 BKK    0935    1325  E0/359          5:50
              H9 Q9 T9 K9 S9 V9 W9 L9
 2    TG 657  C9 D9 J9 Z9 Y9 B9 M9 /ICN 1 BKK    1020    1410  E0/359          5:50
              H9 Q9 T9 K9 S9 V9 W9 L9
 3    TG 653  C9 D9 J9 Z9 Y9 B9 M9 /ICN 1 BKK    1730    2120  E0/359          5:50
              H9 Q9 T9 K9 S9 V9 W9 L9
 4OZ:TG6727  C4 Y4 B4 M4 H4 Q4 T4 /ICN 1 BKK    1830    2205  E0/333          5:35
 5BR:TG6397  CL DL JL ZL B4 M4 H4 /ICN 1 TPE 2  1200    1335  E0/321  TR
     TG 635  C9 D9 J9 Z9 Y9 B9 M9 /TPE 1 BKK    1850    2135  E0/789         11:35
              H9 Q9 T9 K9 S9 V9 W9 L9
 6BR:TG6397  CL DL JL ZL B4 M4 H4 /ICN 1 TPE 2  1200    1335  E0/321  TR
  BR:TG6307  C4 D4 J4 Z4 Y4 B4 M4 /TPE 2 BKK    2045    2330  E0/781         13:30
              H4 Q4 T4 K4 S4
```

1번 라인부터 6번 라인까지 TG 항공편만 조회된다.

(2) 복수 항공사 지정 조회

동시에 여러 항공사를 지정하여 스케줄을 조회할 수 있는 방법으로 최대 6개 항공사 지정 가능

>AN15JUNSELBKK/ATG, KE, OZ

ENTRY	TASK
AN15JJNSELBKK	AN BASIC ENTRY (기본 명령어)
/	SLASH AS OPTION (구분 기호)
A	AIRLINE (항공사)
TG, KE, OZ	복수의 항공사 지정

Entry 화면 1

```
> AN15JUNSELBKK/ATG,KE,OZ

AN15JUNSELBKK/ATG,KE,OZ
** AMADEUS AVAILABILITY - AN ** BKK BANGKOK.TH              132 SU 15JUN 0000
 1    KE 657  J9 C2 D1 IL RL Z1 Y9 /ICN 2 BKK   0930   1315  E0/789       5:45
              B9 M9 S9 H9 E9 K9 L9 U9 QL TL GL
 2    TG 659  C9 D9 J9 Z9 Y9 B9 M9 /ICN 1 BKK   0935   1325  E0/359       5:50
              H9 Q9 T9 K9 S9 V9 W9 L9
 3TG:OZ6761   C9 Y9 B9 M9 H9 E9 Q9 /ICN 1 BKK   0935   1325  E0/359       5:50
 4TG:OZ6737   C2 Y4 B4 M4 H4 E4 Q4 /ICN 1 BKK   1020   1410  E0/359       5:50
 5    TG 657  C9 D9 J9 Z9 Y9 B9 M9 /ICN 1 BKK   1020   1410  E0/359       5:50
              H9 Q9 T9 K9 S9 V9 W9 L9
 6    TG 653  C9 D9 J9 Z9 Y9 B9 M9 /ICN 1 BKK   1730   2120  E0/359       5:50
              H9 Q9 T9 K9 S9 V9 W9 L9
 7TG:OZ6763   C2 Y4 B4 M4 H4 E4 Q4 /ICN 1 BKK   1730   2120  E0/359       5:50
 8    KE 651  J9 C3 D2 IL RL Z4 Y9 /ICN 2 BKK   1805   2145  E0/333       5:40
              B9 M9 S9 H9 E9 K9 L9 U9 Q9 TL GL
```

1번 라인부터 8번 라인까지 지정한대로 TG, KE, OZ 항공편만 조회된다.

(3) 특정 항공사 제외 조회

>AN15JUNSELLAX/A-KE

ENTRY	TASK
AN15JUNSELLAX	AN BASIC ENTRY (기본 명령어)
/	SLASH AS OPTION (구분 기호)
A	AIRLINE (항공사)
-KE	특정항공사 제외 -KE를 제외한 항공편 조회

Entry 화면 1

```
> AN15JUNSELLAX/A-KE

AN15JUNSELLAX/A-KE
** AMADEUS AVAILABILITY - AN ** LAX LOS ANGELES.USCA        132 SU 15JUN 0000
 1OZ:UA7285  J9 C9 D9 Z9 P9 Y9 B9 /ICN 1 LAX B  1440    0940  E0/388       11:00
             M9 E9 U9 H9 Q9 V9 W9 S9 T9 L9 K9 G9
 2   OZ 202  J9 C9 D9 Z9 U9 P4 Y9 /ICN 1 LAX B  1440    0940  E0/388       11:00
             B9 M9 H9 E9 Q9 AL K9 S9 V9 W9 TL LL GR
 3OZ*CM4950  C9 D9 Y9 B9 M9 Q9 W9  ICN   LAX B  2020    1520  E0/77L   TR  11:00
 4   OZ 204  J9 C8 D8 Z8 U6 P4 Y9 /ICN 1 LAX B  2040    1600  E0/359       11:20
             B9 M9 H9 E9 Q9 AL K9 S9 V9 W9 TL LL GR
 5OZ:UA7287  J9 C9 D9 Z9 P9 Y9 B9 /ICN 1 LAX B  2040    1600  E0/359       11:20
             M9 E9 U9 H9 Q9 V9 W9 S9 T9 L9 K9 G9
 6   6X 951  J9 D9 I9 U9 Y9       /ICN   LAS    2100    1515  E0/332
    *AS2182  J7 C7 D4 I0 U0 E  Y7 /LAS 3 LAX 6  1630    1750  E0/E75 N     12:50
             B7 H7 K7 M7 L7 V0 S0 N0 Q0 O0 G0 X7 T0
 7   6X 951  J9 D9 I9 U9 Y9       /ICN   LAS    2100    1515  E0/332
     UA 684  J9 C9 D9 Z9 PL Y9 B9 /LAS 3 LAX 7  1650    1806  E0/738       13:06
             M9 E9 U9 H9 Q9 V9 W9 S9 TL LL KL GL N9
```

1번 라인부터 6번 라인까지 KE가 제외된 항공편들이 조회된다.

(4) 실제 운항 항공사 조회

>AN15JUNSELSFO/A+KE

ENTRY	TASK
AN15JUNSELLAX	AN BASIC ENTRY (기본 명령어)
/	SLASH AS OPTION (구분 기호)
A	AIRLINE (항공사)
-KE	OPERATING CARRIER 지정 (실제 운항 항공사 지정)

```
> AN15JUNSELSFO/A+KE

AN15JUNSELSFO/A+KE
** AMADEUS AVAILABILITY - AN ** SFO SAN FRANCISCO.USCA        132 SU 15JUN 0000
 1   KE 023  F7 AL J9 C8 DL IL RL /ICN 2 SFO I  1600    1040  E0/77W      10:40
             Z3 Y9 B9 M9 S9 H9 E9 K9 L9 U4 QL TL GL
 2   KE 025  JL CL DL IL RL ZL YL /ICN 2 SFO I  2000    1440  E0/789      10:40
             BL ML SL HL EL KL LL UL QL TL GL
```

공동 운항(CODE SHARE)을 제외한 실제 운항하는 항공사가 KE인 항공편만 조회된다.

Entry 화면 1

```
> AN15JUNSELSFO/AKE

AN15JUNSELSFO/AKE
** AMADEUS AVAILABILITY - AN ** SFO SAN FRANCISCO.USCA        132 SU 15JUN 0000
 1   KE 023  F7 AL J9 C8 DL IL RL /ICN 2 SFO I  1600    1040  E0/77W      10:40
             Z3 Y9 B9 M9 S9 H9 E9 K9 L9 U4 QL TL GL
 2   KE 025  JL CL DL IL RL ZL YL /ICN 2 SFO I  2000    1440  E0/789      10:40
             BL ML SL HL EL KL LL UL QL TL GL
 3HA:KE7895  J4 C4 Y9 B9 M9 S9 H9 /ICN 1 HNL 2  2125    1110  E0/332
             E9 K9 L9 U9 Q9
  HA:KE7861  J4 Y9 B9 M9 S9 H9    /HNL 1 SFO I  1315    2130  E0/332  TR  16:05
 4   KE 053  J9 C2 DL IL RL Z1 Y9 /ICN 2 HNL 2  2105    1035  E0/789
             B9 M9 S9 H9 E9 K9 L9 U9 QL TL GL
  HA:KE7861  J4 Y9 B9 M9 S9 H9    /HNL 1 SFO I  1315    2130  E0/332  TR  16:25
```

AN15JUNSELSFO/AKE로 조회하는 경우는 위의 화면과 같이 3번 라인의 ICN-HNL 구간, HNL-SFO 구간, 4번 라인의 HNL-SFO 구간처럼 OPERATING CARRIER가 HA이고 KE가 MARKETING CARRIER인 항공편까지 모두 조회된다.

(5) ALLIANCE(항공 동맹체) 지정 조회

가. STAR ALLIANCE Airline Display

>AN *A 15JUNSELHKG

ENTRY	TASK
AN	AVAILABILITY NEUTRAL (예약 가능편 조회 명령어)
*A	STAR ALLIANCE 가입 항공사 지정
15JUN	DEPARTURE DATE (출발일)
SELHKG	DEPARTURE & ARRIVAL CITY (구간)

Entry 화면 1

```
> AN*A15JUNSELHKG

AN*A15JUNSELHKG
** STAR ALLIANCE - AN ** HKG HONG KONG.HK                 132 SU 15JUN 0000
BOOK ROUND THE WORLD AND CIRCLE FARES ON WWW.STARALLIANCE.COM
 1   OZ 721  J9 C8 D6 Z4 U2 PL Y9 /ICN 1 HKG 1  0900    1150   E0/333       3:50
             B9 M9 H9 E9 Q9 AL K9 S9 V9 WL TL LL GR
 2   OZ 745  J9 C9 D9 Z9 U9 P2 Y9 /ICN 1 HKG 1  1935    2230   E0/333       3:55
             B9 M9 H9 E9 Q9 A9 K9 S9 V9 LL GR
 3   CA 132  J9 C7 D6 Z5 R0 Y9 B0 /ICN 1 PEK 3  1525    1625   E0.321
             M9 U9 H9 Q9 V9 W9 S9 T9 L9 P9 N7 K9
     CA 117  J9 C0 D0 Z0 R0 Y9 B9 /PEK 3 HKG 1  1730    2105   E0.321       6:40
             M9 U9 H9 Q0 V0 W0 S0 T0 L0 P0 N0 K0
 4   CA 124  J9 C6 D4 Z2 R0 G9 E0 /ICN 1 PEK 3  1305    1355   E0.333
             Y9 B0 M9 U9 H9 Q9 V9 W9 S9 T0 L0 P0 N0 K0
     CA 115  J8 C0 D0 Z0 R0 Y9 B9 /PEK 3 HKG 1  1530    1900   E0.738       6:55
             M9 U9 H9 Q0 V0 W0 S0 T0 L0 P0 N0 K0
 5   OZ 711  J9 C9 D9 Z9 U6 P2 Y9 /ICN 1 TPE 2  1000    1130   E0/333
             B9 M9 H9 E9 Q9 AL K9 S9 VL WL TL LL GR
     BR 855  C8 J5 D4 Y9 B9 M9 H9 /TPE 2 HKG 1  1410    1600   E0/321       7:00
             Q9 S9 W9 V9
```

STAR ALLIANCE에 가입된 항공사인 OZ, CA, BR이 조회된다.

나. SKYTEAM Airline Display

>AN *S 15JUNSELHKG

ENTRY	TASK
AN	AVAILABILITY NEUTRAL (예약 가능편 조회 명령어)
*S	SKYTEAM 가입 항공사 지정
15JUN	DEPARTURE DATE (출발일)
SELHKG	DEPARTURE & ARRIVAL CITY (구간)

```
Entry 화면 1
> AN*S15JUNSELHKG

AN*S15JUNSELHKG
** SKYTEAM - AN ** HKG HONG KONG.HK                          132 SU 15JUN 0000
 1   KE 171  J9 C9 D9 I8 R6 Z5 Y9 /ICN 2 HKG 1  0805   1055  E0/333        3:50
             B9 M9 S9 H9 E9 K9 L9 U9 Q9 T9 G9
 2   KE 173  J9 C9 D7 I5 R3 Z5 Y9 /ICN 2 HKG 1  0950   1250  E0/333        4:00
             B9 M9 S9 H9 E9 K9 L9 U9 Q9 T9 G9
 3   KE 175  J8 C1 DL IL RL Z3 Y9 /ICN 2 HKG 1  1325   1620  E0/7M8        3:55
             B9 M9 S9 H9 E9 K9 L9 U9 Q9 TL GL
 4   KE 177  J9 C9 D9 I9 R3 Z5 Y9 /ICN 2 HKG 1  1945   2230  E0/77W        3:45
             B9 M9 S9 H9 E9 K9 L9 U9 QL TL G9
 5KE:VS5515  J9 C9 D9 I9 Z9 Y9 B9 /ICN 2 HKG 1  1945   2230  E0.77W  TR    3:45
             R9 L9 U9 M9 E9 Q9 X9 N9 O9
 6   CI 161  J9 C9 D9 Y9 B9 M9 K9 /ICN 2 TPE 1  1235   1410  E0/333
             V9 T9 R9 Q9 H9 N9 LL
     CI 915  J8 C8 D8 Y9 B9 M9 K9 /TPE 1 HKG 1  1535   1730  E0/738        5:55
             V9 T9 R9 Q9 H9 N9 LL
 7CI:KE5691  J2 C2 D2 Y4 B4 M4 S4 /ICN 2 TPE 1  1235   1410  E0/333
             H4
     CI 915  J8 C8 D8 Y9 B9 M9 K9 /TPE 1 HKG 1  1535   1730  E0/738        5:55
             V9 T9 R9 Q9 H9 N9 LL
```

SKYTEAM에 가입된 항공사인 KE, VS, CI가 조회된다.

다. ONEWORLD Airline Display

>AN *O 15JUNSELHKG

ENTRY	TASK
AN	AVAILABILITY NEUTRAL (예약 가능편 조회 명령어)
*O	ONE WORLD 가입 항공사 지정
15JUN	DEPARTURE DATE (출발일)
SELHKG	DEPARTURE & ARRIVAL CITY (구간)

Entry 화면 1

```
> AN*O15JUNSELHKG

AN*O15JUNSELHKG
** ONEWORLD - AN ** HKG HONG KONG.HK                              132 SU 15JUN 0000
 1    CX 417  J9 C9 D9 P9 I4 Y9 B9 /ICN 1 HKG 1  1010    1300  E0/333         3:50
              H9 K9 M9 L9 V9 S9 N9 Q9 OL
 2    CX 439  J9 C9 D9 P9 I9 Y9 B9 /ICN 1 HKG 1  1335    1625  E0/32Q         3:50
              H9 K9 M9 L9 V9 S9 N9 Q9 O9
 3    CX 411  J9 C9 D9 P9 I5 Y9 B9 /ICN 1 HKG 1  1510    1800  E0/333         3:50
              H9 K9 M9 L9 V9 S9 N9 Q9 OL
 4CX  QR3499  J9 C9 D9 I9 R9 P9 Y9 /ICN 1 HKG 1  1510    1800  E0/333         3:50
              B9 H9 K9 M9 L9 V9 S9 N9 Q9 O9 W9 T9
 5    CX 419  J9 C9 D9 P9 I9 Y9 B9 /ICN 1 HKG 1  2015    2300  E0/333         3:45
              H9 K9 M9 L9 V9 S9 N9 Q9 O9
 6    JL5950  J9 C9 D9 I9 X9 U9 Y9 /GMP I HND 3  1210    1415  E0/772
              B9 H9 K9 M9 L9 V9 S9 N9 Q9 O9 Z9 G9 T9
      CX 549  J9 C9 D9 P9 I9 Y9 B9 /HND 3 HKG 1  1625    2000  E0/333         8:50
              H9 K9 M9 L9 V9 S9 N9 Q9 O9
 7    JL 092  JL CL DL IL XL Y9 B9 /GMP I HND 3  1205    1415  E0/788
              H9 K9 M9 GL
      CX 549  J9 C9 D9 P9 I9 Y9 B9 /HND 3 HKG 1  1625    2000  E0/333         8:55
              H9 K9 M9 L9 V9 S9 N9 Q9 O9

>
```

ONEWORLD에 가입된 항공사인 CX, QR, JL이 조회된다.

<표 2-6> ALLIANCE(항공동맹체) 현황 (2024년 기준)

Alliance	설립년도	회원 항공사	취항 국가	취항 도시	보유 항공기
STAR ALLIANCE	1997	26	195	1,294	5,033
SKYTEAM	2000	22	187	926	2,734
ONE WORLD	1999	13	158	1,012	3,447

(6) 기타 조회

가. Current Date & Departure City From Office Profile

>AN SHA

ENTRY	TASK
AN	AVAILABILITY NEUTRAL (예약 가능편 조회 명령어)
SHA	ARRIVAL CITY (도착 도시)

조회하는 날짜와 출발하는 날짜가 같은 경우 출발 날짜는 생략할 수 있다. 조회하는 단말기가 위치한 CITY가 출발지인 경우 출발지를 생략할 수 있다. 두 가지 조건이 다 맞는 경우 출발 날짜와 출발지 모두 생략할 수 있다.

```
Entry 화면 1
> ANSHA

ANSHA
** AMADEUS AVAILABILITY - AN ** SHA SHANGHAI.CN              0 MO 03FEB 1920
 1   FM 828  J  C  D  Q  I  O  Y   ICN 1 PVG 1  1825    1955  E0.73E      2:30
             B  M  E  H  K  L  N  R  S  V  T  G  Z  X
 2   KE 895  J  C  D  I  R  Z  Y  /ICN 2 PVG 1  1905    2025  E0/7M8      2:20
             B  M  S  H  E  K  L  U  Q  T  G
 3OZ:H03109  C9 D9 M9 U9 H9 Q9 V9  ICN 1 PVG 2  2000    2055  E0.321      1:55
             W9 S9 T9 Z9
 4   OZ 367  J8 C8 D4 Z2 UL PL Y9 /ICN 1 PVG 2  2000    2055  E0/321      1:55
             B9 M9 H9 E9 Q9 AL K9 SL VL WL TL LL GR
 5   FM 824  U4 J9 C0 D0 Q0 I0 W9 /GMP I SHA 1  2005    2120  E0.789      2:15
             P9 Y9 B0 M0 E0 H0 K0 L0 N0 R0 S0 V0 T0 G0 Z0
 6   CZ 370  J4 C0 D0 I0 O0 Y9 P0 /ICN 1 PVG 2  2105    2150  E0.321      1:45
             B0 M0 H0 K0 U0 A0 L0 Q0 E0 V0 Z0 T0 N0 R0 G0 X0
 7   LJ 531  F9 J9 C9 Y9 E9 H9 K9 /GMP   CJU    1955    2105  E0/739
             L9 Q9 B9 N9 M9 X9 P9 S9 V9 Z9 A9 R9 I9 O9 T9 G9
     9C8568  YA SA HA VA KA LA MA  CJU   PVG 2  2245    2310  T0-320      4:15
             NA QA TA XA UA EA RA PA
```

위의 화면은 2월 3일, 서울의 사무실에서 2월 3일 SEL-SHA AVAILABILITY를 조회하면서 출발 날짜와 출발지를 모두 생략한 결과이다.

나. 특정 시간대 지정 조회

>AN15MAYSELTYO 1700

>AN15MAYSELTYO 5P

ENTRY	TASK
AN15MAYSELTYO	AN BASIC ENTRY (기본 명령어)
1700	SPECIFIC TIME(특정 시간대 17시)
5P	SPECIFIC TIME(특정 시간대 5PM)

기준시각을 지정하면 지정된 시간 전후에 출발하는 여정부터 조회된다.

```
Entry 화면 1
> AN15MAYSELTYO1700

AN15MAYSELTYO1700
** AMADEUS AVAILABILITY - AN ** TYO TOKYO.JP              101 TH 15MAY 1700
 1KE:JL5236  J9 Y9                /GMP I HND 3  1610    1830  E0/333       2:20
 2   KE2103  J9 CL DL IL RL Z1 Y9 /GMP I HND 3  1610    1830  E0/333       2:20
             B9 M9 S9 H9 E9 K9 L9 U9 Q9 TL GL
 3   OZ 108  J9 C9 D6 Z5 U3 P2 Y9 /ICN 1 NRT 1  1835    2100  E0/321       2:25
             B9 M9 H9 E9 Q9 AL K9 SL VL WL TL LL GR
 4OZ:NH6978  JL CL D4 ZL PL Y4 B4 /ICN 1 NRT 1  1835    2100  E0/321       2:25
             M4 U4 H4 Q4 V4 WL SL LL KL
 5KE:JL5206  J6 Y9                /ICN 2 NRT 1  1835    2105  E0/7M8       2:30
 6   KE 705  J8 C1 D1 I1 RL Z2 Y9 /ICN 2 NRT 1  1835    2105  E0/7M8       2:30
             B9 M9 S9 H9 E9 K9 L9 U9 Q9 TL GL
 7KE:JL5244  J6 Y9                /GMP I HND 3  1840    2100  E0/7M8       2:20
 8   KE2105  J8 CL DL IL RL Z2 Y9 /GMP I HND 3  1840    2100  E0/7M8       2:20
             B9 M9 S9 H9 E9 K9 L9 U9 Q9 TL GL
 9JL:KE5709  J4 C4 Y4 B4 M4 S4    /GMP I HND 3  1920    2130  E0/788       2:10
10   JL 094  J9 C9 D9 I8 X7 Y9 B9 /GMP I HND 3  1920    2130  E0/788       2:10
             H9 K9 M9 L9 V9 S9 N9 Q9 GL
```

위의 화면은 지정된 기준 시간인 17시를 전후하여 출발하는 여정부터 조회된 결과이다.

다. 특정 경유지 지정 조회

>AN15MAYSELNYC/XLAX

ENTRY	TASK
AN15MAYSELNYC	AN BASIC ENTRY (기본 명령어)
/	SLASH AS OPTION (구분 기호)
X	CONNECT (경유)
LAX	SPECIFIC CONNECT POINT (경유 도시)

Entry 화면 1

```
> AN15MAYSELNYC/XLAX

AN15MAYSELNYC/XLAX
** AMADEUS AVAILABILITY - AN ** NYC NEW YORK.USNY            101 TH 15MAY 0000
 1    KE 017   F9 AL J9 C9 D9 I9 R7 /ICN 2 LAX B  1430    0940  E0/388
               Z9 Y9 B9 M9 S9 H9 E9 K9 L9 UL QL TL G9
      B6 224   J7 C7 D0 I0 Y7 E7 K7 /LAX 5 JFK 5  1210    2045  E0.32S       19:15
               H7 Q7 B7 V7 R7 W7 M7 Z7 O0 U0 S0 P0 L7 N0
 2    YP 101   X9 E  P9 R9 Z9 W9 T9 /ICN 1 LAX B  1250    0820  E0:789
               Y9 B9 M9 H9 L9 Q9 N9 S9 A9 F9 K9 V9 O9 G9
   AA:AT5028   J9 C9 D9 I9 Y9 B9 H9 /LAX 0 JFK 8  1030    1906  E0/32B       19:16
               K9 M9 L9 V9 S9 N9 Q9 O9 T9 R9 W9 P9
 3OZ:UA7285    J9 C9 D9 Z9 P9 Y9 B9 /ICN 1 LAX B  1440    0940  E0/388
               M9 E9 U9 H9 Q9 V9 W9 S9 T9 L9 K9 G9
   AA:AT5045   J9 C9 D9 I9 Y9 B9 H9 /LAX 0 JFK 8  1234    2110  E0/32B       19:30
               K9 M9 L9 V9 S9 N9 Q9 O9 T9 R9 W9 P9
 4    OZ 202   J9 C9 D9 Z9 U9 P6 Y9 /ICN 1 LAX B  1440    0940  E0/388
               B9 M9 H9 E9 Q9 AL K9 S9 V9 W9 TL LL GR
      AA 274   F7 A7 C7 J7 R7 D7 I7 /LAX 0 JFK 8  1234    2110  E0.32B       19:30
               Y7 B7 H7 K7 M7 L7 G7 V7 S7 N7 Q7 O7 E0
```

위의 화면과 같이 환승 지역을 LAX로 지정하면 LAX에서 환승하는 항공편만 조회된다.

Entry 화면 1

```
> AN15MAYSELNYC

AN15MAYSELNYC
** AMADEUS AVAILABILITY - AN ** NYC NEW YORK.USNY          101 TH 15MAY 0000
 1    KE 081  F9 AL J9 C9 D9 I9 RL /ICN 2 JFK 1  1000    1120  E0/388     14:20
              ZL Y9 B9 M9 S9 H9 E9 K9 L9 UL QL TL G9
 2OZ:UA7293   J9 C9 D9 Z9 P9 Y9 B9 /ICN 1 JFK 1  1050    1050  E0/359     13:00
              M9 E9 U9 H9 Q9 V9 W9 S9 T9 L9 K9 G9
 3    OZ 222  J9 C9 D9 Z9 U6 P1 Y9 /ICN 1 JFK 1  1050    1050  E0/359     13:00
              B9 M9 H9 E9 Q9 AL K9 S9 VL WL TL LL GR
 4    KE 085  F7 AL J9 C8 D7 I3 RL /ICN 2 JFK 1  1930    2100  E0/77W     14:30
              ZL Y9 B9 M9 S9 H9 E9 K9 L9 UL QL TL G9
 5    JL 090  J9 C9 D9 IL X5 Y9 B9 /GMP I HND 3  0755    1005  E0/73H
              H9 K9 M9 L9 V9 S9 N9 Q4 GL
      JL 006  F3 AL J9 C9 D9 IL X5 /HND 3 JFK 8  1105    1105  E0/351     16:10
              WL R9 EL PL Y9 BL H9 K9 M9 L9 V9 S9 N9 Q4 GL
 6JL:KE5711   J2 Y4 B4 M4 S4       /GMP I HND 3  0755    1005  E0/73H
  JL:AA8403   F0 A0 C0 J0 R0 D0 I0 /HND 3 JFK 8  1105    1105  E0.351     16:10
              W7 P0 Y7 B7 H7 K7 M7 L7 G0 V7 S7 N7 Q4 O0
 7    AC 062  J9 C9 D9 Z9 PL RL O9 /ICN 1 YYZ 1  1905    1925  E0/789
              E9 A9 NL Y9 B9 M9 U9 H9 Q9 V9 W9 S9 T9
     *AC8998  J9 C7 D2 ZL PL RL Y9 /YYZ 1 LGA B  2055    2226  E0/E75     16:21
              B9 M9 U9 H9 Q9 V9 W9 S7

>
```

같은 스케줄로 환승 지역을 지정하지 않은 상태에서는 위의 화면과 같이 HND, YYZ 등에서 환승하는 여정이 모두 조회된다.

라. 특정 Booking Class 지정 조회

>AN15JULSELLON/CH

ENTRY	TASK
AN15JULSELLON	AN BASIC ENTRY (기본 명령어)
/	SLASH AS OPTION (구분 기호)
C	BOOKING CLASS
H	SPECIFIC BOOKING CLASS (특정 BOOKING CLASS)

Entry 화면 1

```
> AN15JULSELLON/CH

AN15JULSELLON/CH
** AMADEUS AVAILABILITY - AN ** LON LONDON.GB           162 TU 15JUL 0000
 1   KE 907  H9              /ICN 2 LHR 4  1050    1720  E0/77W       14:30
 2   OZ 521  H9              /ICN 1 LHR 2  1430    1800  E0/359       11:30
 3   6X9745  H9              /ICN   FRA    1425    1850  E0/744
     LH 920  H9              /FRA 1 LHR 2  2000    2040  E0/32N       14:15
 4   6X9745  H9              /ICN   FRA    1425    1850  E0/744
     BA 915  H9              /FRA 2 LHR 5  2030    2115  E0/320       14:50
 5CA:OZ6807  H4              /ICN 1 PEK 3  1305    1355  E0/333
     CA 855  H9              /PEK 3 LHR 2  1615    2030  E0.359       15:25
 6   CA 124  H9              /ICN 1 PEK 3  1305    1355  E0.333
     CA 855  H9              /PEK 3 LHR 2  1615    2030  E0.359       15:25
 7   OZ 333  H9              /ICN 1 PEK 3  1250    1400  E0/77L
     CA 855  H9              /PEK 3 LHR 2  1615    2030  E0.359       15:40

>
```

위의 화면과 같이 BOOKING CLASS를 H로 지정하면 모든 항공편의 H CLASS만 조회된다.

마. Multi-Option Display

>AN15JUNSELSIN/CM/ASQ * 30JUN

ENTRY	TASK
AN15JUNSELSIN	AN IN THE UPPER PART
/	SLASH AS OPTION
C	BOOKING CLASS
M	SPECIFIC BOOKING CLASS
/	SLASH AS OPTION
A	AIRLINE
SQ	SPECIFIC AIRLINE
*	ASTERISK AS SEPARATOR
30JUN	DEPARTURE DATE IN THE LOWER PART

ROUND TRIP인 경우 LOWER PART의 출발지와 도착지 생략

```
Entry 화면 1
> AN15JUNSELSIN/CM/ASQ*30JUN

AN15JUNSELSIN/CM/ASQ*30JUN
** AMADEUS AVAILABILITY - AN ** SIN SINGAPORE.SG         132 SU 15JUN 0000
 1   SQ 607  M9            /ICN 1 SIN 0  0900   1420  E0/787        6:20
 2   SQ 611  M9            /ICN 1 SIN 0  1120   1650  E0/359        6:30
 3   SQ 601  M9            /ICN 1 SIN 0  1645   2200  E0/787        6:15
 4   SQ 605  M9            /ICN 1 SIN 0  2345   0505+1E0/359        6:20
 5TR:SQ8529  M9            /ICN 1 SIN 1  2250   0600+1E1/788        8:10

** AMADEUS AVAILABILITY - AN ** SEL SEOUL.KR             147 MO 30JUN 0000
11   SQ 608  M9            /SIN 2 ICN 1  0010   0745  E0/787        6:35
12   SQ 612  M9            /SIN 2 ICN 1  0225   0950  E0/359        6:25
13   SQ 600  M9            /SIN 2 ICN 1  0800   1535  E0/787        6:35
14   SQ 606  M9            /SIN 2 ICN 1  1440   2215  E0/359        6:35
*TRN*

>
```

위의 화면은 지정된 OPTION대로 왕복 여정 모두 BOOKING CLASS M, AIRLINE SQ만 조회된 결과이다.

<표 2-7> 간편한 AN ENTRY

ENTRY	TASK
MPAN	MOVE PREVIOUS AN (이전 AN 조회)
MDAN	MOVE DOWN AN (AN 화면에서 다음 스케줄 조회)
MUAN	MOVE UP AN (AN 화면에서 이전 스케줄 조회)
MTAN	MOVE TO TOP (AN 화면에서 처음 스케줄 조회)
MBAN	MOVE TO BOTTOM (AN 화면에서 마지막 스케줄 조회)
MOAN	MOVE TO ORIGINAL AN (ORIGINAL AN 조회)
AC/ATG	AN CHANGE (항공사를 TG로 변경하여 AN 조회)
AC1	AN CHANGE+1 (+1로 날짜 변경하여 AN 조회)
AC-1	AN CHANGE-1 (-1로 날짜 변경하여 AN 조회)
AC20FEB	AN CHANGE 20FEB (2월 20일로 날짜 변경하여 AN 조회)
AC1*	DUAL CITY PAIR 중 위의 화면을 +1로 날짜 변경하여 AN 조회
AC*1	DUAL CITY PAIR 중 아래 화면을 +1로 날짜 변경하여 AN 조회
ACR1	AN CHANGE RETURN+1 (+1 날짜의 RETURN AN 조회)
ACR-1	AN CHANGE RETURN-1 (-1 날짜의 RETURN AN 조회)
ACR20MAR	AN CHANGE RETURN 20MAR (3월 20일 RETURN AN 조회)

7 Schedule / Time Table Display

1) Schedule Display (HE SN)

>SN 15MAY SELTYO

ENTRY	TASK
SN	SCHEDULE NEUTRAL (스케줄 조회)
13AUG	DEPARTURE DATE (출발일)
SELTYO	DEPARTURE & ARRIVAL CITY (구간)

OPTION 지정은 AN과 같다.

```
Entry 화면 1
> SN15MAYSELTYO

SN15MAYSELTYO
** AMADEUS SCHEDULES - SN ** TYO TOKYO.JP                    100 TH 15MAY 0000
 1NH:OZ9128  CL DL ZL UL Y9 B9 M9 /GMP I HND    0740    0950  E0/788        2:10
             E9 Q9 KL WL TC GC
 2   NH 862  JL CL DL ZL PL Y9 B9 /GMP I HND    0740    0950  E0/787        2:10
             M9 U9 H9 Q9 VL WL SL LL KL
 3JL:KE5711  J2 CC DC IC Y4 B4 M4 /GMP I HND 3  0755    1005  E0/73H        2:10
             S4 HC EC KC LC UC QC TC
```

BOOKING CLASS뒤에 있는 C는 Close를 의미한다.

```
Entry 화면 1
> AN15MAYSELTYO

AN15MAYSELTYO
** AMADEUS AVAILABILITY - AN ** TYO TOKYO.JP                 100 TH 15MAY 0000
 1NH:OZ9128  CL DL ZL UL Y9 B9 M9 /GMP I HND    0740    0950  E0/788        2:10
             E9 Q9 KL WL
 2   NH 862  JL CL DL ZL PL Y9 B9 /GMP I HND    0740    0950  E0/787        2:10
             M9 U9 H9 Q9 VL WL SL LL KL
 3   JL 090  J6 C4 D2 IL XL Y9 B9 /GMP I HND 3  0755    1005  E0/73H        2:10
             H9 K9 M9 L9 GL
 4JL:KE5711  J2 Y4 B4 M4 S4       /GMP I HND 3  0755    1005  E0/73H        2:10
```

SN 화면과 AN 화면은 유사하나, SN의 화면에서는 Close된 Booking Class도 조회되고, AN 화면에서는 Close된 Booking Class는 표시되지 않는다.

2) Time Table Display (HE TN)

>TN 15SEP SELDPS

ENTRY	TASK
TN	TIME TABLE NEUTRAL
15SEP	DEPARTURE DATE (출발일)
SELDPS	DEPARTURE & ARRIVAL CITY (구간)

TIME TABLE은 조회하는 날로부터 일주일간의 운항요일 및 스케줄을 조회하는 기능이다.

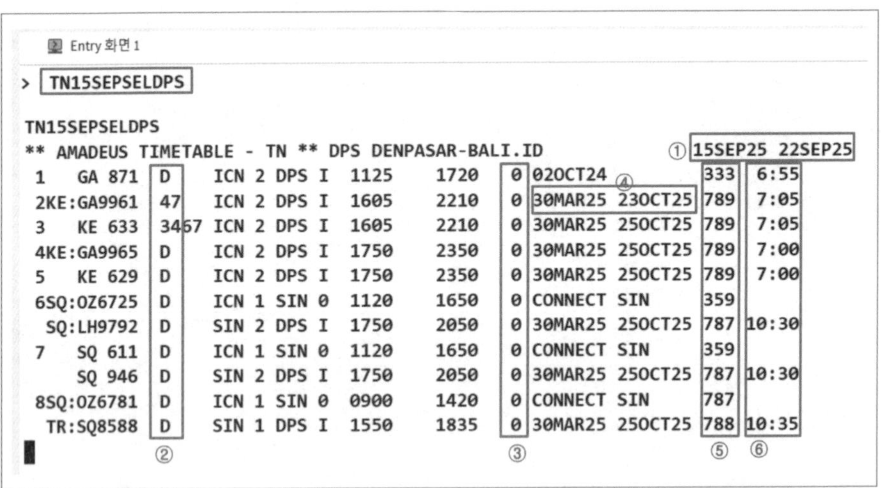

```
Entry 화면 1
> TN15SEPSELDPS

TN15SEPSELDPS
** AMADEUS TIMETABLE - TN ** DPS DENPASAR-BALI.ID          ① 15SEP25 22SEP25
 1    GA 871  D     ICN 2 DPS I  1125     1720    0 02OCT24 ④      333   6:55
 2KE:GA9961   47    ICN 2 DPS I  1605     2210    0 30MAR25 23OCT25 789   7:05
 3    KE 633  3467  ICN 2 DPS I  1605     2210    0 30MAR25 25OCT25 789   7:05
 4KE:GA9965   D     ICN 2 DPS I  1750     2350    0 30MAR25 25OCT25 789   7:00
 5    KE 629  D     ICN 2 DPS I  1750     2350    0 30MAR25 25OCT25 789   7:00
 6SQ:OZ6725   D     ICN 1 SIN 0  1120     1650    0 CONNECT SIN     359
  SQ:LH9792   D     SIN 2 DPS I  1750     2050    0 30MAR25 25OCT25 787  10:30
 7    SQ 611  D     ICN 1 SIN 0  1120     1650    0 CONNECT SIN     359
      SQ 946  D     SIN 2 DPS I  1750     2050    0 30MAR25 25OCT25 787  10:30
 8SQ:OZ6781   D     ICN 1 SIN 0  0900     1420    0 CONNECT SIN     787
  TR:SQ8588   D     SIN 1 DPS I  1550     1835    0 30MAR25 25OCT25 788  10:35
              ②                                   ③                 ⑤    ⑥
```

OUTPUT	EXPLANATION
① 15SEP25 22SEP25	조회한 날부터 일주일간 TIME TABLE
② 1~7 4 7 D X3 6	운항 요일을 숫자로 표시 목요일, 일요일 운항 DAILY FLIGHT (매일 운항) 제외 요일 (수요일, 토요일 제외 운항)
③ 0	NUMBER OF STOP POINT (경유 횟수)
④ 30MAR25 23OCT25	VALID FROM~TO (적용 기간)
⑤ 333	EQUIPMENT (기종)
⑥ 6:55	TOTAL TIME (총 비행시간)

>TCR 20SEP

ENTRY	TASK
TCR	TIME TABLE CHANGE RETURN
20SEP	DEPARTURE DATE

Entry 화면 1

```
> TCR 20SEP

TN20SEPDPSSEL -TC-
** AMADEUS TIMETABLE - TN ** SEL SEOUL.KR                      20SEP25 27SEP25
 1    KE 630   D    DPS I ICN 2  0110     0920    0 31MAR25 25OCT25 789  7:10
 2KE:GA9964   D    DPS I ICN 2  0110     0920    0 01MAY25 26OCT25 789  7:10
 3    GA 870   D    DPS I ICN 2  0115     0915    0 02OCT24         333  7:00
 4KE:GA9960   47   DPS I ICN 2  2320     0735+1 0 30MAR25 23OCT25 789  7:15
 5    KE 634   3467 DPS I ICN 2  2320     0735+1 0 30MAR25 25OCT25 789  7:15
 6    KL 836   D    DPS I SIN 1  2035     2310    0 CONNECT SIN     77W
  SQ:OZ6782   D    SIN 2 ICN 1  0010+1   0745+1 0 31MAR25 24OCT25 787 10:10
 7    KL 836   D    DPS I SIN 1  2035     2310    0 CONNECT SIN     77W
      SQ 608   D    SIN 2 ICN 1  0010+1   0745+1 0 31MAR25 24OCT25 787 10:10
 8SQ:LH9793   D    DPS I SIN 3  2000     2240    0 CONNECT SIN     787
  SQ:OZ6782   D    SIN 2 ICN 1  0010+1   0745+1 0 30MAR25 24OCT25 787 10:45

>
```

TCR은 ACR(AVAILABILITY CHANGE RETURN)과 같은 기능을 가지며 SEL-DPS의 RETURN 여정인 DPS-SEL의 TIME TABLE이 지정된 날짜로 조회된다.

>TC AN

ENTRY	TASK
TC	TIME TABLE CHANGE
AN	AN

Entry 화면 1

```
> TCAN

AN20SEPDPSSEL -TC-
** AMADEUS AVAILABILITY - AN ** SEL SEOUL.KR                228 SA 20SEP 0000
 1KE:GA9964  C9 D9 Y9 B9 M9 K9 N9 /DPS I ICN 2  0110    0920  E0/789       7:10
             Q9 T9 V9
 2    GA 870  J9 C9 D9 I9 Y9 W9 B9 /DPS I ICN 2  0115    0915  E0/333       7:00
             M9 K9 N9 G9 Q9 T9 V9 S9 H9 L9
 3    MH 852  J9 C9 D9 Z9 I9 Y9 B9 /DPS I KUL 1  1920    2220  E0/7M8
             H9 K9 M9 L9 V9 S9 N9 Q9 O9 G9
      MH 066  J9 C9 D9 Z9 I9 Y9 B9 /KUL 1 ICN 1  2330    0710+1E0/333      10:50
```

TIME TABLE 조회 후 예약하고자 하는 경우 AN으로 이동한다.

<표 2-8> CHANGE ENTRY

ENTRY	TASK
MN	MOVE NEXT DAY (AN, SN에서는 다음 날, TN에서는 일주일 후)
MY	MOVE YESTERDAY (AN, SN에서는 전 날, TN에서는 일주일 전)
ACSN	AN 화면에서 SN 화면으로 CHANGE
ACTN	AN 화면에서 TN 화면으로 CHANGE
SCAN	SN 화면에서 AN 화면으로 CHANGE
SCTN	SN 화면에서 TN 화면으로 CHANGE
TCAN	TN 화면에서 AN 화면으로 CHANGE
TCSN	TN 화면에서 SN 화면으로 CHANGE

<표 2-9> AN, SN OPTIONAL ENTRY

ENTRY	TASK
AA15OCTSELOSA	도착시간 (ARRIVAL TIME) 별 AN 조회
AD15OCTSELOSA	출발시간 (DEPARTURE TIME) 별 AN 조회
AE15OCTSELOSA	비행시간 (ELAPSED TIME) 별 AN 조회
SA15NOVSELFUK	도착시간 (ARRIVAL TIME) 별 SN 조회
SD15OCTSELFUK	출발시간 (DEPARTURE TIME) 별 SN 조회
SE15OCTSELFUK	비행시간 (ELAPSED TIME) 별 SN 조회

3) Minimum Connect Time (MCT) Display (HE MCT)

MCT는 Minimum Connect Time의 약자로 중간 경유지에서 항공기를 갈아탈 때 필요한 최소한의 연결시간을 말한다. MCT는 공항마다 차이가 있고, 같은 공항이라고 하더라도 항공편에 따라 다를 수 있다.

>DM ICN

ENTRY	TASK
DM	DO MINIMUM CONNECT TIME
ICN	AIRPORT CODE

Entry 화면 1

```
> DMICN

DMICN/04FEB25
ICN  STANDARD MINIMUM CONNECTING TIMES
ICN-ICN       FROM           -               TO              D/D  D/I  I/D  I/I
CC FLTN-FLTR ORGN EQP TM CS-CC FLTN-FLTR DEST EQP TM CS HHMM HHMM HHMM HHMM
                             -                          0030 0100 0130 0130
                       1     -                    1     0040 0140 0140 0110
                       2     -                    1     ---- ---- 0210 0130
                       1     -                    2     ---- 0210 ---- 0130
                       2     -                    2     ---- ---- ---- 0045
CK SPECIFIC CARRIER FOR EXCEPTIONS TO STANDARD CONNECTING TIMES
PRECLEARANCE MAY APPLY
*TRN*
█

>
```

OUTPUT	EXPLANATION
TM	Terminal Number
D / D D / I I / D I / I	DOMESTIC / DOMESTIC DOMESTIC / INTERNATIONAL INTERNATIONAL / DOMESTIC INTERNATIONAL / INTERNATIONAL

4) 특정항공편과 출발일 지정 조회

>DO BA016 /25MAY

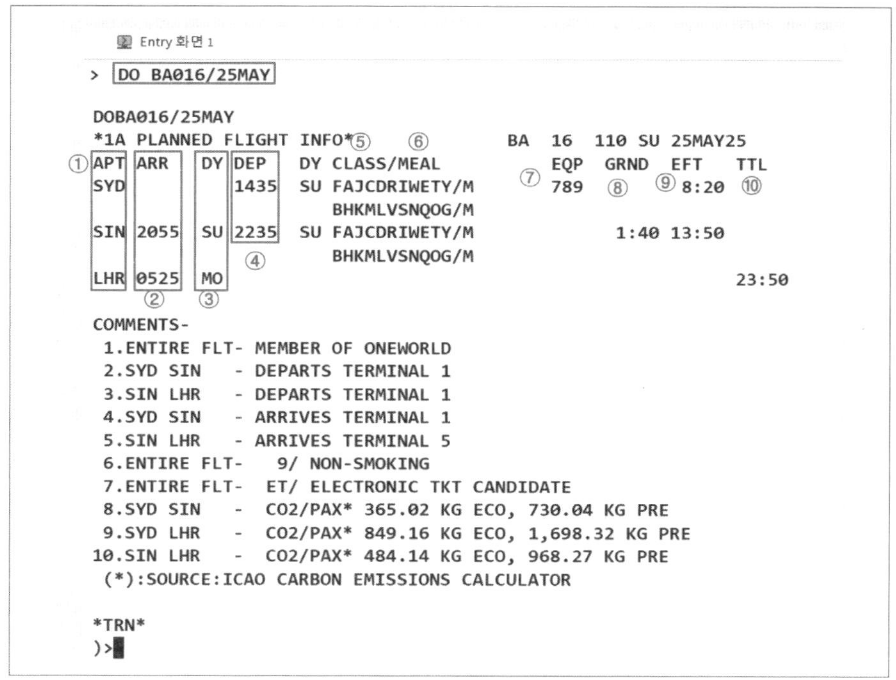

```
Entry 화면 1
> DO BA016/25MAY

DOBA016/25MAY
*1A PLANNED FLIGHT INFO*⑤   ⑥        BA  16  110 SU 25MAY25
①APT ARR   DY DEP   DY CLASS/MEAL      EQP  GRND  EFT    TTL
SYD              1435  SU FAJCDRIWETY/M   ⑦ 789  ⑧   ⑨8:20 ⑩
                          BHKMLVSNQOG/M
SIN  2055  SU 2235  SU FAJCDRIWETY/M          1:40 13:50
             ④          BHKMLVSNQOG/M
LHR  0525  MO                                           23:50
      ②    ③
COMMENTS-
 1.ENTIRE FLT- MEMBER OF ONEWORLD
 2.SYD SIN   - DEPARTS TERMINAL 1
 3.SIN LHR   - DEPARTS TERMINAL 1
 4.SYD SIN   - ARRIVES TERMINAL 1
 5.SIN LHR   - ARRIVES TERMINAL 5
 6.ENTIRE FLT-   9/ NON-SMOKING
 7.ENTIRE FLT-  ET/ ELECTRONIC TKT CANDIDATE
 8.SYD SIN   -  CO2/PAX* 365.02 KG ECO, 730.04 KG PRE
 9.SYD LHR   -  CO2/PAX* 849.16 KG ECO, 1,698.32 KG PRE
10.SIN LHR   -  CO2/PAX* 484.14 KG ECO, 968.27 KG PRE
 (*):SOURCE:ICAO CARBON EMISSIONS CALCULATOR

*TRN*
)>
```

OUTPUT	EXPLANATION
① APT SYD SIN LHR	AIRPORT SYD 출발 SIN 경유 LHR 도착
② ARR 2055 0525	ARRIVAL TIME SIN 20시55분 도착, LHR 05시 25분 도착
③ DY SU MO	DAY-SIN SUNDAY, LHR MONDAY 도착
④ DEP 1435 2235	DEPARTURE TIME SYD 14시35분 출발, SIN 22시35분 출발
⑤ CLASS	CLASS OF SERVICE
⑥ MEAL	B, L, D, S(제공되지 않는 경우 - 로 표시됨)
⑦ EQP	EQUIPMENT (기종)
⑧ GRND	ELAPSED GROUND TIME (지상조업시간)
⑨ EFT	ELAPSED FLYING TIME (실제 비행시간)
⑩ TTL	ELAPSED TOTAL TIME (총 소요시간)

>AN25MAYSYDLON/ABA

```
Entry 화면 1
> AN25MAYSYDLON/ABA

AN25MAYSYDLON/ABA
** AMADEUS AVAILABILITY - AN ** LON LONDON.GB                110 SU 25MAY 0000
 1   BA 016  F2 AL J9 C9 D2 W9 Y9 /SYD 1 LHR 5  1435    0525+1E1/789       23:50
             B9 H9 K7 GL
 2   BA 016  FL AL J9 C8 D5 R4 W9 /SYD 1 SIN 1  1435    2055  E0/789
             E1 Y9 B9 H9 K2 GL
     BA 012  F2 AL J9 CL WL Y9 B9 /SIN 1 LHR 5  2320    0630+1E0/77W       24:55
             H9 GL
 3QR:BA6396  F9 A9 J9 C9 D9 R9 I9 /SYD 1 DOH    2045    0455+1E0/388  TR
             Y9 B9 H9 K9 M9 L9 V9 S9 N9 Q9 O9
     BA 122  J9 C9 D9 R9 I9 W9 E9 /DOH  LHR 5  0730+1  1300+1E0/777       25:15
             T9 Y9 B9 H9 K9 M9 L9 V9 S9 N9 Q9 O9 G2
```

위의 화면과 같이 AN을 조회한 후 1번 LINE의 BA016편은 STOP POINT가 1번 있는 DIRECT FLIGHT임을 확인하였다. 이 때 1번 LINE 항공편의 중간 경유지를 조회하기 위하여 OPERATIONAL INFORMATION을 확인하는 방법은 DO 1(LINE NUMBER)이다.

>DO 1

```
Entry 화면 1
> DO1

DO1
*1A PLANNED FLIGHT INFO*            BA  16  110 SU 25MAY25
APT ARR   DY DEP   DY CLASS/MEAL        EQP  GRND  EFT    TTL
SYD            1435   SU FAJCDRIWETY/M      789          8:20
                     BHKMLVSNQOG/M
SIN 2055  SU 2235   SU FAJCDRIWETY/M            1:40 13:50
                     BHKMLVSNQOG/M
LHR 0525  MO                                               23:50

COMMENTS-
 1.ENTIRE FLT- MEMBER OF ONEWORLD
 2.SYD SIN   - DEPARTS TERMINAL 1
```

즉, DOBA016/25MAY의 응답화면은 5월 25일 SYD-LON의 AN을 조회한 후 LINE NUMBER 1번인 BA016편을 선택하여 DO1로 조회한 응답화면과 같다.

제3장

예약 기록(PNR)의 작성 및 수정

1 PNR에 대한 이해

1) PNR이란?

Passenger Name Record의 줄임말로 승객의 성명, 여정, 연락처, 서비스 요청사항 등의 예약기록을 예약 전산 시스템에 기록해 놓은 것을 말하는 용어이다.

또한 승객에게 제공되어야 하는 항공 여정 및 기타 서비스 사항을 해당 항공사에 전송하여 실질적인 항공좌석의 확보 및 서비스 사항 요청 등을 실행할 수 있으며, 예약을 완료하면 TOPAS SellConnect 시스템 내에 예약기록 파일이 생성되어 저장된다.

2) PNR의 구성 요소

PNR은 성명, 여정, 연락처 등 여러 부분들로 이루어져 있다. 이러한 각 부분을 Element라고 부르는데, 각각의 Element 별로 정해진 형식에 따라 입력해야 한다. TOPAS SellConnect에서 PNR은 필수 항목과 선택 항목으로 구성되며 필수 항목이 반드시 입력되어야 기본 PNR을 작성할 수 있다.

항목	Elements	내용	입력 Entry	참고 사항
필수 항목	Name	승객의 성명 & Title	NM1KIM/KOOKMIN, MR	
	Itinerary	여정	SSKE613Y30SEPSELHKG1	
	Phone	연락처	APA-02-123-4567 APM-010-3333-7777	
	Ticekt Arrangement	항공권 발권 예정일 정보	TKTL 10OCT, TKOK	PNR작성 시 자동 입력됨
선택 항목	Received from	예약 및 변경 요청자	RF KIM KOOKMIN RF PAX	
	OS	항공사 전달 정보	OS KE GOLF PLAYER	
	SR	승객 서비스 요청사항	SR VGML	
	Remarks	참고, 비고사항	RM PAX WAITING A VISA	

3) TOPAS SellConnect PNR의 특징

① 모든 Element는 입력 후 번호가 부여된다.

② 이름은 입력한 순서대로 배열된다.

③ 동일한 성(Family Name)을 가진 승객이더라도 개별 이름으로 나타난다.

④ 마지막 여정의 출발일 이후 3일까지만 조회가 가능하다.

⑤ 하나의 PNR에 최대 999개의 Element 입력이 가능하다.

② 필수 항목 Element별 작성

1) 성명 : Name Element(NM)

■ 성명 입력 시 유의 사항

- 입력한 성명은 타인의 성명으로 변경이 불가하므로 실제 탑승객의 성명으로 입력해야 한다.
- 반드시 성(Last Name)을 먼저 입력하고 성과 이름 사이에는 구분 기호 슬래시(/)를 입력한다.
- Full Name을 기재하며 여권상의 Name Spelling을 기준으로 입력한다.
- 성명 뒤에는 성별 또는 신분에 맞는 적절한 Title을 기입한다.
- 각 구간(Segment)별 요청 좌석 수와 승객 수(유아 제외)가 반드시 일치해야 한다.
- 유아(Infant)의 성명은 동반성인 보호자와 함께 입력한다.
- 1개의 PNR에는 성인 99명까지의 성명 입력이 가능하다.
- 유아/소아 성명 입력 시 생년월일을 함께 입력한다.

■ 유/소아 구분

유아(Infant)	출발일 기준 만 2세 미만
소아(Child)	출발일 기준 만 2세 이상 ~ 만 12세 미만

■ Title의 종류

성별		신분		
MS	성인 여자	REV	Reverend	성직자
MR	성인 남자	DR	Doctor	의사
MISS	유/소아 여자	PROF	Professor	교수
MSTR	유/소아 남자	CAPT	Captain	기장 또는 선장

(1) 성인 승객 성명 입력

■ 성인1인

지시어	NM 1 KANG/DAEHAN,MR	
설명	NM	성명 입력 기본 지시어
	1	승객 수
	KANG/DAEHAN,MR	성 / 이름, Title

```
> NM1KANG/DAEHAN,MR

RP/SELK1394Z/
  1.KANG/DAEHAN MR
```

■ 동일한 성을 가진 승객 동시 입력

지시어	NM2KANG/DAEHAN,MR/MINGUK,MR

```
> NM2KANG/DAEHAN,MR/MINKUK,MR

RP/SELK1394Z/
  1.KANG/DAEHAN MR   2.KANG/MINKUK MR
```

■ 2명 이상의 승객 성명 동시 입력

지시어	NM1KANG/DAEHAN,MR1SHIN/NARA,MS

```
> NM1KANG/DAEHAN,MR1SHIN/NARA,MS

RP/SELK1394Z/
  1.KANG/DAEHAN MR   2.SHIN/NARA MS
```

(2) 소아(Child) 승객 성명 입력

지시어	NM1KANG/SARANG,MS(CHD/05MAY20)	
설명	CHD/05MAY20	소아 / 생년월일(DDMMMYY)

☞ 생년월일 입력 형식 : 반드시 일 2자리, 월 Code 3자리, 년도 2자리로 입력해야 함

```
> NM1KANG/SARANG,MS(CHD/05MAY20)

RP/SELK1394Z/
  1.KANG/SARANG MS(CHD/05MAY20)
```

(3) 유아(Infant) 승객 성명 입력

■ 유아의 성이 보호자와 동일하지 않은 경우

지시어	NM1SHIN/NARA,MS(INFKANG/MANSAE,MSTR/25DEC24)	
설명	SHIN/NARA,MS	보호자
	INFKANG/MANSAE,MSTR/25DEC24	성을 포함한 유아 이름/생년월일

```
> NM1SHIN/NARA,MS(INFKANG/MANSAE,MSTR/25DEC24)

RP/SELK1394Z/
  1.SHIN/NARA MS(INFKANG/MANSAE MSTR/25DEC24)
```

■ 유아의 성이 보호자와 동일한 경우(유아의 성 생략 가능)

지시어	NM1KANG/DAEHAN,MR(INF/MANSAE,MSTR/25DEC24)

```
> NM1KANG/DAEHAN,MR(INF/MANSAE,MSTR/25DEC24)

RP/SELK1394Z/
  1.KANG/DAEHAN MR(INF/MANSAE MSTR/25DEC24)
```

■ 유아 승객 추가

지시어	1/(INF/MANSAE,MSTR/25DEC24)

```
  1.KANG/DAEHAN MR   2.SHIN/NARA MS
*TRN*
> 1/(INF/MANSAE,MSTR/25DEC24)

RP/SELK1394Z/
  1.KANG/DAEHAN MR(INF/MANSAE MSTR/25DEC24)   2.SHIN/NARA MS
```

■ 입력된 유아 승객 삭제

지시어	1/

```
  1.KANG/DAEHAN MR(INF/MANSAE MSTR/24DEC24)   2.SHIN/NARA MS
*TRN*
>1/
RP/SELK1394Z/
  1.KANG/DAEHAN MR   2.SHIN/NARA MS
```

■ 소아 생년월일 추가 및 변경

지시어	3/(CHD/05MAY20)

```
  1.KANG/DAEHAN MR   2.SHIN/NARA MS   3.KANG/SARANG MISS
*TRN*
>3/(CHD/05MAY20)
RP/SELK1394Z/
  1.KANG/DAEHAN MR   2.SHIN/NARA MS
  3.KANG/SARANG MISS(CHD/05MAY20)
```

(4) 성명의 삭제 및 수정

■ 성명 삭제

지시어	XE2	2번 승객 성명 삭제

```
  1.KANG/SOOGEUN MR   2.YOO/HODONG MR   3.LEE/JAESEOK MR
  4.SHIN/JANGHOON MR
*TRN*
>XE2
RP/SELK1394Z/
  1.KANG/SOOGEUN MR   2.LEE/JAESEOK MR   3.SHIN/JANGHOON MR
```

■ 성명 수정

지시어	3/1SEO/HONGCHUL,MR	3번 승객 성명 수정

```
  1.KANG/SOOGEUN MR   2.LEE/JAESEOK MR   3.SHIN/JANGHOON MR
*TRN*
>3/1SEO/HONGCHUL,MR
 ** WARNING PAX NAME CHANGED. CHECK NAME BEFORE EOT **
RP/SELK1394Z/
  1.KANG/SOOGEUN MR   2.LEE/JAESEOK MR   3.SEO/HONGCHUL MR
```

※ 성명의 수정은 일반적으로 PNR 작성 중에만 가능하며, PNR 완료 후에는 불가하다.

2) 연락처 : Address and Phone Element(AP)

■ 연락처 입력 시 주의사항

- 첫 번째 연락처는 여행사 전화번호와 담당자를 입력한다
- 승객의 Mobile Phone 번호를 반드시 입력한다.
- 하나의 PNR에 여러 개의 연락처(이메일 주소 포함)를 입력할 수 있다.
- 연락처에 승객 번호를 연결하여 입력할 수 있다.
- 입력한 연락처는 연락처 알파벳코드 순으로 정렬된다. (APA→APB→APE→APH→APM)

■ 입력 지시어

지시어	내용	참고사항
AP 02-123-4567 HAN TOUR-A	여행사(Agency) 전화번호	
APM-010-123-4567	모바일(Mobile)폰 번호	승객 지정 입력 가능
APH-02-987-6543	집(Home) 전화 번호	
APB-02-456-7890	사무실(Business) 전화 번호	
APE-TOPAS@NAVER.COM	E-mail 주소	

```
> AP 02-123-4567 HAN TOUR-A
> APM-010-123-4567
> APH-02-987-6543
> APB-02-456-7890
> APE-TOPAS@NAVER.COM
```

```
RP/SELK1394Z/
  1 AP 02-123-4567 HAN TOUR-A
  2 APB 02-456-7890
  3 APE TOPAS@NAVER.COM
  4 APH 02-987-6543
  5 APM 010-123-4567
```

☞ 입력 순서와 상관없이 AP Code Alphabet 순서대로 저장된다.
APA > APB > APE > APH > APM

■ 연락처 수정

지시어	4/02-765-4321	4번 Element 집 전화번호 수정

```
> 4/02-765-4321

RP/SELK1394Z/
  1 AP 02-123-4567 HAN TOUR-A
  2 APB 02-456-7890
  3 APE TOPAS@NAVER.COM
  4 APH 02-765-4321
  5 APM 010-123-4567
```

3) 여정 : Itinerary Element(SS)

(1) 여정의 정의

승객의 여행을 위한 항공 구간, 항공기 이외의 교통편으로 여행하는 구간 및 Hotel, Rent a Car 등의 예약을 통칭한다.

가. 항공 여정(Air Segment)

승객이 비행편을 이용하여 한 지점에서 다른 지점으로 이동하는 여정

나. 부대 여정(Auxiliary Segment)

부대 여정은 항공편 예약에 따르는 부수적인 서비스로 승객의 여행과 관련된 항공여정을 제외한 기타 예약 구간으로 Hotel, Rent a Car, 기타 교통편의 예약 등이 이에 속한다.

Topas SellConnect는 항공여정 없이 부대여정만으로도 PNR 작성이 가능하다.

다. 비 항공 운송구간(ARNK : Arrival Unknown)

항공편 이외의 운송 수단으로 여행하는 구간(Surface)을 나타내기 위해 사용된다.

(2) 여정 작성

가. 예약 가능 편(Availability) 조회 후 여정 작성

■ 직항 편(Direct Flight) 예약

지시어	AN20DECSELSIN/AKE		
	SS 1 E 2		
설명	SS	Segment Sell	좌석 예약 기본 지시어
	1	좌석 수	
	E	Booking Class	
	2	예약 가능편의 line 번호	

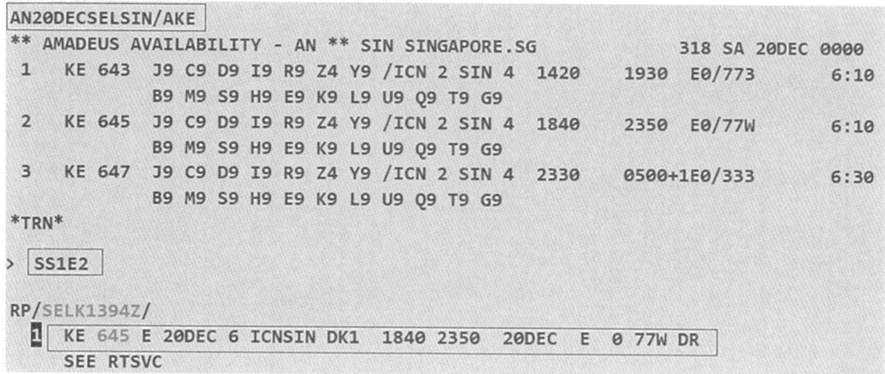

```
AN20DECSELSIN/AKE
** AMADEUS AVAILABILITY - AN ** SIN SINGAPORE.SG              318 SA 20DEC 0000
 1   KE 643  J9 C9 D9 I9 R9 Z4 Y9 /ICN 2 SIN 4  1420    1930  E0/773        6:10
             B9 M9 S9 H9 E9 K9 L9 U9 Q9 T9 G9
 2   KE 645  J9 C9 D9 I9 R9 Z4 Y9 /ICN 2 SIN 4  1840    2350  E0/77W        6:10
             B9 M9 S9 H9 E9 K9 L9 U9 Q9 T9 G9
 3   KE 647  J9 C9 D9 I9 R9 Z4 Y9 /ICN 2 SIN 4  2330    0500+1E0/333        6:30
             B9 M9 S9 H9 E9 K9 L9 U9 Q9 T9 G9
*TRN*
> SS1E2

RP/SELK1394Z/
  1  KE 645 E 20DEC 6 ICNSIN DK1  1840 2350  20DEC  E  0 77W DR
     SEE RTSVC
```

■ 연결편(Connect Flight) 예약

목적지까지 직항 스케줄이 없는 경우 연결 편을 이용해 예약하는 경우이다.

▶ 연결편의 Booking Class가 모두 동일한 경우

<table>
<tr><td rowspan="2">지시어</td><td colspan="2">AN30NOVSELDXB/APR</td></tr>
<tr><td>SS 1 Y 2</td><td>전 구간 Y 클래스 예약</td></tr>
</table>

```
AN30NOVSELDXB/APR
** AMADEUS AVAILABILITY - AN ** DXB DUBAI.AE                298 SU 30NOV 0000
 1   PR 467  J9 C9 D9 I9 Z9 W9 N9 /ICN 1 MNL 1  0810    1110  E0/321
             Y9 S9 L9 M9 H9 Q9 V9 B9 X9 K9 E9 T9 U9 O9
     PR 658  J9 C9 D9 I9 Z9 Y9 S9 /MNL 1 DXB 1  1300    1805  E0/333       14:55
             L9 M9 H9 Q9 V9 B9 X9 K9 E9 T9 U9 O9
 2   PR 469  J9 C9 D9 I9 Z9 W9 N9 /ICN 1 MNL 1  2035    2335  E0/333
             Y9 S9 L9 M9 H9 Q9 V9 B9 X9 K9 E9 T9 U9 O9
     PR 658  J9 C9 D9 I9 Z9 Y9 S9 /MNL 1 DXB 1  1300+1  1805+1E0/333       26:30
             L9 M9 H9 Q9 V9 B9 X9 K9 E9 T9 U9 O9
```

```
> SS1Y2

RP/SELK1394Z/
  1  PR 469 Y 30NOV 7 ICNMNL DK1  2035 2335  30NOV  E  0 333 D
     SEE RTSVC
  2  PR 658 Y 01DEC 1 MNLDXB DK1  1300 1805  01DEC  E  0 333 L
     SEE RTSVC
```

▶ 연결편의 Booking Class가 다른 경우

지시어	SS 1 SL2	1번 구간 S, 2번 구간 L 클래스 예약

```
> SS1SL2

RP/SELK1394Z/
  1  PR 469 S 30NOV 7 ICNMNL DK1  2035 2335  30NOV  E  0 333 D
     SEE RTSVC
  2  PR 658 L 01DEC 1 MNLDXB DK1  1300 1805  01DEC  E  0 333 L
     SEE RTSVC
```

▶ 왕복 Availability 조회 후 왕복 여정 동시 예약

지시어	AN20DECSELMNL/AKE*25DEC/AKE	
	SS 1 E 1 * 12	Line1 과 Line12의 E Class 동시 예약

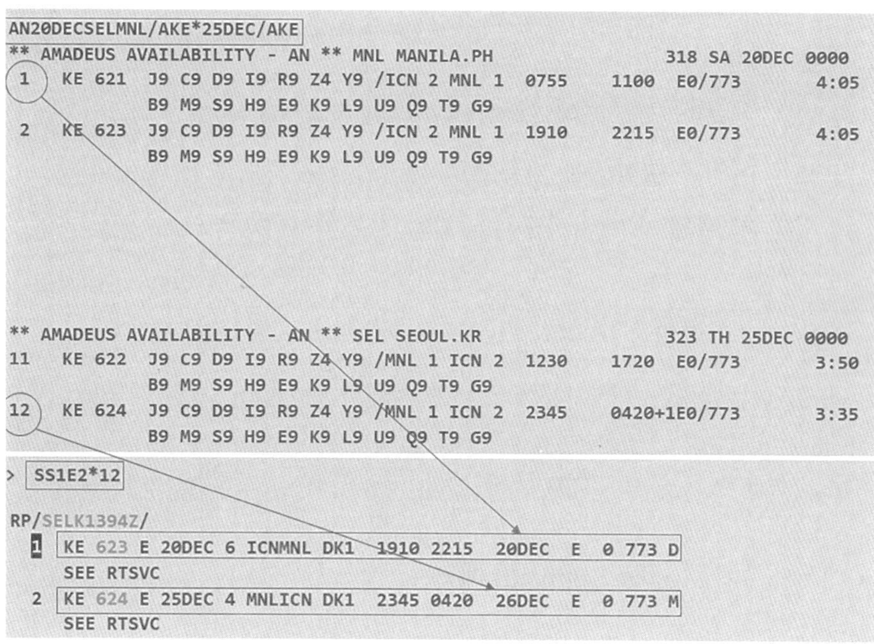

```
AN20DECSELMNL/AKE*25DEC/AKE
** AMADEUS AVAILABILITY - AN ** MNL MANILA.PH              318 SA 20DEC 0000
 1   KE 621  J9 C9 D9 I9 R9 Z4 Y9 /ICN 2 MNL 1  0755    1100  E0/773       4:05
             B9 M9 S9 H9 E9 K9 L9 U9 Q9 T9 G9
 2   KE 623  J9 C9 D9 I9 R9 Z4 Y9 /ICN 2 MNL 1  1910    2215  E0/773       4:05
             B9 M9 S9 H9 E9 K9 L9 U9 Q9 T9 G9

** AMADEUS AVAILABILITY - AN ** SEL SEOUL.KR               323 TH 25DEC 0000
11   KE 622  J9 C9 D9 I9 R9 Z4 Y9 /MNL 1 ICN 2  1230    1720  E0/773       3:50
             B9 M9 S9 H9 E9 K9 L9 U9 Q9 T9 G9
12   KE 624  J9 C9 D9 I9 R9 Z4 Y9 /MNL 1 ICN 2  2345    0420+1E0/773       3:35
             B9 M9 S9 H9 E9 K9 L9 U9 Q9 T9 G9
> SS1E2*12

RP/SELK1394Z/
  1  KE 623 E 20DEC 6 ICNMNL DK1  1910 2215  20DEC  E  0 773 D
     SEE RTSVC
  2  KE 624 E 25DEC 4 MNLICN DK1  2345 0420  26DEC  E  0 773 M
     SEE RTSVC
```

나. 여정 직접(Direct Segment) 예약

예약하고자 하는 구간의 Availability를 조회하지 않고 항공사, 편명, 날짜 등을 직접(Direct)입력하여 좌석을 요청하는 경우이다.

지시어	SS KE081 Y 30JUL SELNYC 1		
설명	SS	Segment Sell	좌석 예약 기본 지시어
	Y	Booking Class	
	1	요청 좌석 수	

```
> SS KE081 Y 30JUL SELNYC 1

--- SFP ---
RP/SELK1394Z/
  1  KE 081 Y 30JUL 3 ICNJFK DK1  1000 1120  30JUL  E  0 388 LM
```

다. 기타 여정

■ 미확정 구간의 예약(Open Segment)

- 미확정은 항공편, 날짜에 한해 가능하다(Booking Class, 구간은 미확정이 불가하다)
- 반드시 공항 코드로 예약하여야 한다(ICN O, SEL X)
- 모든 운임은 출발일을 기준으로 운임이 적용되므로 PNR 작성 시 여정의 첫 번째 구간은 반드시 날짜를 지정하여야 한다.

지시어	SO KE Y LAXICN

```
> SO KE Y LAXICN

RP/SELK1394Z/
  1  KEOPEN Y          LAXICN
```

■ 대기자 구간(Waitlist Segment) 예약

▶ Availability 조회 시 좌석이 없어 대기자 예약하는 경우

지시어	AN20JULSELSFO/AKE → SS1E2/PE	PE : **대기자 입력 기본 지시어**

```
AN20JULSELSFO/AKE
** AMADEUS AVAILABILITY - AN ** SFO SAN FRANCISCO.USCA       164 SU 20JUL 0000
 1   KE 023  F7 AL J9 C8 DL IL RL /ICN 2 SFO I  1600    1100  E0/77W       11:00
             Z3 Y9 B9 M9 S9 H9 E9 K9 L6 UL QL TL GL
 2   KE 025  JL CL DL IL RL ZL YL /ICN 2 SFO I  2000    1500  E0/789       11:00
             BL ML SL HL EL KL LL UL QL TL GL
```

```
>SS1E2/PE
--- SFP ---
RP/SELK1394Z/
  1  KE 025 E 20JUL 7 ICNSFO DW1  2000 1500  20JUL  E  0 789 BD
     SEE RTSVC
```

▶ 직접(Direct Segment) 예약하는 경우

지시어	SS KE025 M 20JUL SELSFO PE1

```
>SS KE025 M 20JUL SELSFO PE1

--- SFP ---
RP/SELK1394Z/
  1  KE 025 M 20JUL 7 ICNSFO DW1  2000 1500  20JUL  E  0 789 BD
     SEE RTSVC
```

※ 참고 : 대기자 예약도 마감된 경우에는 다음과 같은 응답 메시지를 보여준다.

```
>SS UA892 L 1JAN SELSFO PE1

  UA 892 L 01JAN 4 ICNSFO NOT AVAILABLE AND WAITLIST CLOSED
```

■ 비항공 운송 구간(ARNK : Arrival Unknown)

여정 중간에 비항공 운송 구간(Surface)이 있을 경우 여정의 연속성을 맞춰주기 위해 입력한다.

- ARNK를 입력하지 않으면 Warning Message가 나오지만 ET를 한 번 더 입력하면 PNR을 완성할 수 있다.
- ARNK를 입력하지 않으면 PNR을 변경할 때 마다 다음과 같은 Warning Message가 나온다.

'WARNING MSG : CHECK SEGMENT CONTINUITY-SEGMENT 2/3'

- 여정 순서는 자동 정렬되므로 ARNK 구간에 대한 순서 조정이 필요 없다.

```
  1.KANG/SANAE MR
  2  KE 173 E 10JUL 4 ICNHKG DK1  0950 1250  10JUL  E  0 333 L
     SEE RTSVC
  3  KE 658 E 20JUL 7 BKKICN DK1  2140 0505  21JUL  E  0 789 D
     SEE RTSVC
  4 AP SEL 1566-0014 - TOPAS TRAINING VIRTUALIZATION - A
  5 APM 010-1234-5678
  6 TK OK06FEB/SELK1394Z
*TRN*

>  ET

WARNING: CHECK SEGMENT CONTINUITY - SEGMENT 2/3
```

<table>
<tr><td rowspan="2">지시어</td><td colspan="2">SI ARNK</td></tr>
<tr><td>SI</td><td>Segment Information 기본 지시어</td></tr>
<tr><td>설명</td><td>ARNK</td><td>비항공 운송 구간</td></tr>
</table>

```
>  SIARNK

--- RLR ---
RP/SELK1394Z/SELK1394Z             AA/SU   6FEB25/1344Z   6QKSU9
  1.KANG/SANAE MR
  2  KE 173 E 10JUL 4 ICNHKG HK1  0950 1250  10JUL  E  KE/6QKSU9
  3  ARNK
  4  KE 658 E 20JUL 7 BKKICN HK1  2140 0505  21JUL  E  KE/6QKSU9
  5 AP SEL 1566-0014 - TOPAS TRAINING VIRTUALIZATION - A
  6 APM 010-1234-5678
  7 TK OK06FEB/SELK1394Z
  8 SSR CTCM KE HK1 821012345678
  9 OPW SELK1394Z-10FEB:1600/1C7/KE REQUIRES TICKET ON OR BEFORE
        11FEB:1600 ICN TIME ZONE/TKT/S2,4
 10 OPC SELK1394Z-11FEB:1600/1C8/KE CANCELLATION DUE TO NO
        TICKET ICN TIME ZONE/TKT/S2,4
*TRN*

>  ET

END OF TRANSACTION COMPLETE - 6QKSU9
```

4) 항공권 사항 : Ticket Arrangement Element

(1) Ticket Arrangement Element 용도

완성된 예약의 항공권 구입 예정 시기를 입력하는 용도이며, 발권 시한은 각 항공사마다 별도의 규정이 있으므로 발권 시한까지 발권이 이루어지지 않을 경우 예약이 취소될 수 있다.

■ TKTL

지시어	TKTL 20JAN / 1700	
설명	TK	Ticketing Arrangement 기본 지시어
	TL	Ticket Time Limit
	20JAN	여행사 발권 시한 날짜

☞ 20JAN/1700까지 여행사 자체 Ticket 발권 권고 시한으로 발권 권고 시한이 지난 후에도 예약 취소는 되지 않고, 8번 Queue로 자동 전송 된다(발권 이후 TKOK로 변경됨)

Entry 화면 1

```
> TKTL 20JAN / 1700

RP/SELK133R4/
  1 TK TL20JAN/1700/SELK133R4
```

■ TKOK : 바로 발권 예정 또는 Ticket Number가 있는 경우에 입력한다.

– 예약 시 자동으로 입력되며, 수동 입력 시 시간은 입력하지 않는다.

Entry 화면 1

```
> TKOK

RP/SELK133R4/
  1 TK OK20JUL/SELK133R4
```

■ TKXL

지시어	TKXL 20JAN / 1700

☞ 20JAN/1700 까지 Ticket 발권 권고 시한, 시한이 지난 후에는 예약이 자동 취소된다(발권 이후에는 TKOK로 변경됨)

③ 선택 항목 Element별 작성

1) 서비스 사항 : Fact Element

(1) 서비스 사항의 정의

승객의 항공 여행 예약 시 특별한 승객의 정보 사항이나 승객의 요구 사항을 해당 항공사에 전달하는 요소라고 할 수 있다. 이러한 정보나 요구 사항들은 여정과 관련된 모든 항공사들에게 통보되어야 하며 경우에 따라 해당 항공사들은 필요 사항을 준비해야 한다. 따라서 관련 항공사가 차질 없이 운송을 준비하기 위해서는 서비스 사항이 PNR에 정확하게 반영되어야 한다.

(2) 서비스 사항의 종류

승객에 관련된 정보의 전달만을 목적으로 하는 OSI 사항과 승객의 요구 사항을 예약 시에 반영해서 해당 항공사에 요청하고 각각의 항공사들로부터 응답을 받아야 하는 SSR 사항이 있다.

(3) OSI : Other Service Information

승객에 관련된 정보의 전달만을 필요로 하고 응답이 필요 없는 사항이 입력된다.

지시어	OS TG GOLF PLAYER/P2	
설명	OS	Other Service Information 기본 지시어
	TG	항공사 코드
	GOLF PLAYER	승객 정보 사항
	/P2	승객 번호 지정

```
> OS TG GOLF PLAYER/P2

RP/SELK1394Z/
  1.PARK/NARAE MS   2.PARK/SAERI MS
  3  TG 657 H 15JUL 2 ICNBKK DK2  1020 1410  15JUL  E  0 359 M
     SEE RTSVC
  4  TG 658 H 23JUL 3 BKKICN DK2  2310 0635  24JUL  E  0 359 M
     SEE RTSVC
  5 AP SEL 1566-0014 - TOPAS TRAINING VIRTUALIZATION - A
  6 APM 010-3333-7777/P2
  7 OSI TG GOLF PLAYER/P2
```

(4) SSR : Special Service Request

해당 항공사에서 준비를 해주어야 하는 승객의 요구 사항을 요청하는 방법으로 예약자는 이를 PNR에 정확하게 반영해서 요청하고 각각의 항공사들로부터 응답을 받아야 한다.

가. Keyword

IATA에서는 승객이 항공사에 요청하는 사항을 분류하여 이를 정해진 Code로 만들고 입력 형태를 표준화해서 사용하는데 이를 Keyword라고 한다. 또한 Keyword는 항공사가 자체적인 필요에 의해 만들어서 사용하기도 한다. 예를 들면 대한항공에서는 소아식을 신청하지 않는 경우 NOCM으로, 한가족 서비스 신청의 경우 FMLY로 자체적인 Code를 사용하고 있다.

■ SSR Keyword 확인 지시어

HE SSR ⇨ GPSR4

NO	Code	Decode	풀이	Free Text
1	ADTK	Advise If Ticketed	발권 후 공지 요망	N
2	AVIH	Animal in Hold	안고 타는 반려동물	M
3	BIKE	Bicycle in Hold	기내 탑승 자전거	O
4	BLND	Blind	시각 장애 승객	O
5	BSCT	Bassinet/Carrycot/Baby Basket	아기 바구니	O
6	CBBG	Cabin Baggage Requiring Seat	좌석 점유 화물	M
7	CHLD	Child	소아	O
8	CKIN	Information for Airport Personnel	탑승직원을 위한 정보	M
9	CTCM	Passenger Contact Information Mobile Phone Number	승객 휴대폰 정보	O
10	DEAF	Deaf	청각 장애 승객	O
11	DEPU	Deportee	추방자	O
12	DOCA	APIS Address Details	사전입국정보(주소)	O
13	DOCS	APIS Passport or Identity Card	사전입국정보(여권)	O
14	DPNA	Disabled Passenger With Intellectual	지적장애승객	M

※ Free Text

- M : Mandatory
- O : Optional
- N : Not Permit

NO	Code	Decode	풀이	Free Text
15	EXST	Extra Seat	추가 좌석	M
16	FOID	Form of ID	신분증 형태	M
17	FQTV	Frequent Flyer Mileage Program Accrual	상용고객 우대제도	O
18	FRAG	Fragile Baggage	취급주의 수하물	O
19	GPST	Group Seat Request	그룹좌석 요청	O
20	GRPF	Group Fare	그룹운임 정보	M
21	GRPS	PSGRS Travelling Together Using A Common Identity	그룹 동반여행자	O
22	INAD	Inadmissible Passenger	입국불가 승객	O
23	INFT	Infant	유아	M
24	LANG	Languages Spoken	특별언어 사용 승객	M
25	MAAS	Meet and Assist	도움 요청	M
26	MEDA	Medical Case	환자	O
27	OTHS	Other Service Not Specified by SSR	SR사항이 아닌 정보	M
28	PETC	Animal in Cabin	기내탑승 반려동물	M
29	RQST	Seat Request	좌석 요청	M
30	SEMN	Seaman	선원	M
31	SPEQ	Sports Equipment	스포츠 장비	M
32	STCR	Stretcher Passenger	환자침대 요청 승객	O
33	TWOV	Transit or Transfer Without VISA	무비자 환승 승객	O
34	UMNR	Unaccompanied Minor	비동반 소아	O
35	VIP	Very Important Passenger	귀빈	O
36	WCHC	Wheelchair-All The Way to Seat	휠체어 요청 승객	O
37	XBAG	Excess Baggage	초과 수하물	M
38	CIP	Commercial Important Passenger	대기업 임원	KE
39	TCP	The Complete Party	단체 승객 수	KE

※ Free Text

- KE : 대한항공에서 자체적으로 사용하는 Code

■ Meal Code만 확인하는 지시어

HE MEAL ⇨ MS22

NO	Code	Decode	풀이
1	BBML	Baby Meal	유아식
2	BLML	Bland Meal	무자극식
3	CHML	Child Meal	소아식
4	DBML	Diabetic Meal	당뇨식
5	FPML	Fruit Platter	과일식
6	FSML	Fish Meal	생선식
7	GFML	Gluten Intolerant Meal	글루텐 제한식
8	HNML	Hindu Meal	힌두식
9	IVML	Indian Vegetarian Meal	인도채식
10	JPML	Japanese Meal	일본식
11	KSML	Kosher Meal	유대교식
12	LCML	Low Calorie Meal	저칼로리식
13	LFML	Low Fat Meal	저지방식
14	LSML	Low Salt Meal	저염식
15	MOML	Moslem Meal	무슬림식
16	NLML	Low Lactose Meal	저유당식
17	SFML	Sea Food Meal	해산물식
18	SPML	Special Meal	특별식
19	VGML	Vegetarian Vegan Meal	야채식

나. SSR 입력

■ 기본 지시어

지시어	SR VGML	
설명	SR	Service Request 기본 지시어
	VGML	채식 Meal Code

```
> SR VGML

RP/SELK1394Z/
  1.SONG/HYEGYO MS   2.KIM/TAEHEE MS
  3  KE 643 Y 10DEC 3 ICNSIN DK2  1420 1930  10DEC  E  0 773 LR
     SEE RTSVC
  4  KE 644 Y 20DEC 6 SINICN DK2  2235 0555  21DEC  E  0 773 D
     SEE RTSVC
  5 AP 02-3333-7777 LUCKY TOUR-A
  6 APM 010-3456-7890/P1
  7 SSR VGML KE HK2/S3/P1-2
  8 SSR VGML KE HK2/S4/P1-2
```

※ 승객과 구간(Segment) 미지정 시 전체 승객, 전체 여정에 대해 요청된다.

■ 승객 지정 요청

지시어	SR VGML / P2	
설명	/P2	SR 요청 승객 번호(2번 승객)

```
> SR VGML/P2

RP/SELK1394Z/
  1.SONG/HYEGYO MS   2.KIM/TAEHEE MS
  3  KE 643 Y 10DEC 3 ICNSIN DK2  1420 1930  10DEC  E  0 773 LR
     SEE RTSVC
  4  KE 644 Y 20DEC 6 SINICN DK2  2235 0555  21DEC  E  0 773 D
     SEE RTSVC
  5 AP 02-3333-7777 LUCKY TOUR-A
  6 APM 010-3456-7890/P1
  7 SSR VGML KE HK1/S3/P2
  8 SSR VGML KE HK1/S4/P2
```

■ 승객, 구간(Segment) 지정 요청

지시어	SR VGML / P1 / S3	
설명	/S3	SR 요청 구간(Segment) 번호

```
> SR VGML/S3/P1

RP/SELK1394Z/
  1.SONG/HYEGYO MS   2.KIM/TAEHEE MS
  3  KE 643 Y 10DEC 3 ICNSIN DK2  1420 1930  10DEC  E  0 773 LR
     SEE RTSVC
  4  KE 644 Y 20DEC 6 SINICN DK2  2235 0555  21DEC  E  0 773 D
     SEE RTSVC
  5 AP 02-3333-7777 LUCKY TOUR-A
  6 APM 010-3456-7890/P1
  7 SSR VGML KE HK1/S3/P1
```

■ 유아식 요청

지시어	SR BBML/P2	
설명	BBML	유아식(Baby Meal) Code
	P2	보호자 승객 번호

```
> SR BBML/P2

--- SFP ---
RP/SELK1394Z/
  1.KANG/DAEHAN MR
  2.KIM/SUJI MS(INFKANG/GYEORAE MSTR/05MAY24)
  3  KE 017 Y 15JUL 2 ICNLAX DK2  1430 1010  15JUL  E  0 388 BD
     SEE RTSVC
  4  KE 018 Y 25JUL 5 LAXICN DK2  1230 1720  26JUL  E  0 388 DL
     SEE RTSVC
  5 AP 031-777-7890 HAPPY TOUR-A
  6 APM 010-3113-4567/P1
  7 SSR INFT KE HK1 KANG/GYEORAEMSTR 05MAY24/S3/P2
  8 SSR INFT KE HK1 KANG/GYEORAEMSTR 05MAY24/S4/P2
  9 SSR BBML KE HK1/S3/P2
 10 SSR BBML KE HK1/S4/P2
```

※ KE의 경우 유/소아가 포함된 예약은 Meal 사항을 입력해야만 PNR 완료가 가능하다.

■ 소아식(Child Meal) 요청

지시어	SR CHML-SPAGHETTI/S3/P2 SR CHML-HAMBURGER/S4/P2	
설명	CHML	소아식(Child Meal) Code

```
> SR CHML-SPAGHETTI/S3/P2
> SR CHML-HAMBURGER/S4/P2
 1.SHIN/NARAE MS   2.JANG/WONYOUNG MISS(CHD/25DEC20)
 3  KE 085 H 30JUN 1 ICNJFK DK2  1930 2100  30JUN  E  0 77W BD
    SEE RTSVC
 4  KE 082 H 14JUL 1 JFKICN DK2  1330 1750  15JUL  E  0 388 DL
    SEE RTSVC
 5 AP 02-1234-5678 SAMSUNG TOUR-A
 6 APM 010-4334-1234/P1
 7 SSR CHLD KE HK1 25DEC20/P2
 8 SSR CHML KE HN1 SPAGHETTI/S3/P2
 9 SSR CHML KE HN1 HAMBURGER/S4/P2
```

▶ 소아식(Child Meal) 종류(대한항공)

구분	메뉴	영문
HOT MEAL	햄버거 햄버거	HAMBURGER HAMBURGER
	스파게티	SPAGHETTI
	오므라이스	FRIED RICE/EGG
	돈가스	PORK CUTLET
해외 출발편 HOT MEAL	피자	PIZZA
	핫도그	HOT DOG
COLD MEAL	샌드위치	SANDWICH
	김밥	SEAWEED ROLL

※ KE 항공을 탑승하는 소아의 경우 소아식을 원하지 않는다면 소아식 Meal Code를 'NOCM'으로 신청해 주어야 한다.

■ 기내식이 2회 이상 제공되는 동일 구간에 다른 메뉴의 소아식(Child Meal) 요청

지시어	SR CHML-1HAMBURGER/2SPAGHETTI/S3/P2	
설명	1HAMBURGER	첫 번째 메뉴 햄버거 신청
	2SPAGHETTI	두 번째 메뉴 스파게티 신청

```
> SR CHML-1HAMBURGER/2SPAGHETTI/S3/P2

--- SFP ---
RP/SELK1394Z/
  1.SHIN/NARAE MS    2.JANG/WONYOUNG MISS(CHD/25DEC20)
  3  KE 085 H 30JUN 1 ICNJFK DK2  1930 2100  30JUN  E  0 77W BD
     SEE RTSVC
  4  KE 082 H 14JUL 1 JFKICN DK2  1330 1750  15JUL  E  0 388 DL
     SEE RTSVC
  5 AP 02-1234-5678 SAMSUNG TOUR-A
  6 APM 010-4334-1234/P1
  7 SSR CHLD KE HK1 25DEC20/P2
  8 SSR CHML KE HN1 1HAMBURGER/2SPAGHETTI/S3/P2
```

(5) APIS(Advanced Passenger Information System) : 사전입국심사

모든 승객의 여권 등의 신분 정보를 PNR에 입력하면 해당 항공사에서 관계 당국에 관련 자료를 사전 통보하여 해당 국가 도착 시 모든 승객이 보다 신속하고 정확하게 입국 심사를 받을 수 있도록 하는 제도이다.

지시어	SR DOCS-P-KR-M11223344-KR-05SEP90-F-23JUL34-SHIN/NARAE/P1	
설명	DOCS	사전입국 심사 신분정보 (APIS Passport or Identity Card) Code
	P	신분증 종류 Type Code : P-여권(Passport)
	KR	여권 발행국 : KR-KOREA
	M11223344	여권번호
	KR	국적
	05SEP90	생년월일
	F	성별
	23JUL34	여권 만료일
	SHIN/NARAE	승객 성명
	P1	승객 지정(1번 승객)

```
> SR DOCS-P-KR-M11223344-KR-05SEP90-F-23JUL34-SHIN/NARAE/P1

RP/SELK1394Z/
  1.SHIN/NARAE MS   2.HAN/SARANG MS
  3  KE 173 M 11JUL 5 ICNHKG DK2  0950 1250  11JUL  E  0 333 L
     SEE RTSVC
  4  KE 174 M 17JUL 4 HKGICN DK2  1415 1850  17JUL  E  0 333 L
     SEE RTSVC
  5 AP 02-737-7777 LUCKY TOUR-A
  6 APM 010-5533-4634/P1
  7 SSR DOCS KE HK1 P/KR/M11223344/KR/05SEP90/F/23JUL34/SHIN/NAR
       AE/P1
```

※ 여권 번호를 모르는 경우 생년월일만 반영하여 APIS 입력이 가능하다.

: SR DOCS-P-KR--KR-05SEP90-F--SHIN/NARAE

▶ APIS 종류

DOCS	APIS Passport or Identity Card	사전입국심사 신분 정보
DOCA	APIS Address Details	미국 내 첫 도착도시 주소
DOCO	APIS VISA	사전입국심사 비자 정보

(6) FQTV(Frequent Flyer Information)

대부분의 항공사는 상용고객 우대제도로서 마일리지 카드를 운영하고 있는데, PNR에 회원번호를 입력해 놓으면 Check-In 시 탑승 마일리지가 자동 적립되는 기능이다.

가. FQTV 관련 지시어

지시어	설명
FFAOZ-315948306	가입 항공사에서 FQTV정보를 제공하는 경우 마일리지 회원 번호 입력(승객명과 회원번호 자동 입력됨)
FFNDL-9177133809	①가입 항공사에서 FQTV정보를 제공하지 않는 경우 또는 ② 완성된 PNR에 마일리지 회원 번호 입력
FFNOZ-123456789,AC	탑승항공사(AC)와 가입 항공사(OZ)가 다른 경우 입력
FFDKE-111122223333	마일리지 카드 조회
VFFD KE	특정 항공사(KE)와 마일리지 협정 제휴 항공사 LIST 조회

■ 가입된 항공사에서 FQTV 정보를 제공하는 회원 번호 입력

지시어	FFAOZ-315948306

Entry 화면 - JUNG INKYUNG MS (1) [1]

```
> FFAOZ-315948306

RP/SELK133R4/
  1.JUNG/INKYUNG MS
  2 *SSR FQTV YY HK/ OZ315948306/SLVR
```

☞ 승객의 성명이 자동 입력된다.

☞ *는 입력한 회원번호가 유효한 번호임을 의미한다.

■ 가입된 항공사에서 FQTV 정보를 제공하지 않거나 이미 생성된 PNR에 회원 번호 입력

지시어	FFNDL-9177133809

Entry 화면 1

```
> FFADL-9177133809
NO DATABASE FOR AIRLINE
> FFNDL-9177133809
NEED NAME
```

※ 해당 항공사에서 FQTV 정보를 제공하지 않는 경우에는 회원 번호를 입력하기 전 승객 성명을 먼저 입력해야 한다.

■ 탑승 항공사와 가입 항공사가 다른 경우 회원번호 입력

지시어	FFNOZ-315948306,AC

Entry 화면 - JUNG INKYUNG MS (1) - 30SEP - YVR [1]

```
> FFNOZ-315948306,AC
--- SFP ---
RP/SELK133R4/
  1.JUNG/INKYUNG MS
  2  AC 064 Q 30SEP 1 ICNYVR DK1  1530 0920  30SEP  E  0 789 MB
     B787 DREAMLINER OFFER PREMIUM ECONOMY,BKG CLASS-N,E,O
     SEE RTSVC
  3 AP 02-777-7777 SMILE TOUR
  4 APM 010-1234-7890
  5 *SSR FQTV AC HK/ OZ315948306/SLVR
```

■ 마일리지 회원 번호 조회

지시어	FFDOZ-315948306

Entry 화면 1

```
> FFDOZ-315948306
315948306
JUNG/INKYUNG MS
```

■ 특정 항공사와 마일리지 협정 제휴 항공사 LIST 조회

지시어	VFFD LH	LH 항공사와 마일리지 협정 제휴 항공사 조회

Entry 화면 1

```
> VFFDLH
VFFDLH

FF AGREEMENTS                                    LH AGREEMENTS: 040
------------------------------------------------------------------
LH.  / AC. AI. AV. A3. BE. BR. CA. CM. CX. DE. EN. ET. EW. JP.
       KC. KM. LA. LG. LO. LR. LX. MS. NH. NZ. OA. OS. OU. OZ.
       SA. SK. SN. SQ. TA. TG. TK. TP. UA. WK. ZH. 4U.
```

2) 요청자 사항 : Received From Element

지시어	RF HONG GILDONG MR	
설명	RF	예약 요청자 입력 기본 지시어
	HONG GILDONG MR	예약 요청자(Free-flow Text)

Entry 화면 1

```
> RF HONG GILDONG MR
RP/SELK133R4/
RF HONG GILDONG MR
```

※ 성명으로 입력 시 부호 /(슬래시) 입력은 불가하다.

3) 참고 사항 : Remarks Element

(1) 기능

- 직원 상호 간에 업무 연락을 위한 Message 전달 및 확인
- 예약 재확인이나 승객에게 필요한 정보(Information) 전달 후 기록
- 기타 해당 PNR에 관련된 제반 내용을 수록하여 PNR을 처리하는 직원들과 공유

(2) Remarks 의 종류

RM	General Remarks	PNR 조회가 가능한 모든 여행사에서 확인 가능. 한글 입력 가능
RC	Confidential Remarks	입력한 여행사만 확인 및 수정이 가능
RX	Corporate Remarks	입력한 여행사와 해당 여행사와 'Amadeus Extended Ownership Agreement'가 있는 여행사만 확인 가능

☞ PNR 생성 완료 후에 입력한 Remarks 사항은 PNR History에 모두 기록되므로 작업자 sign과 입력 시간 확인이 가능하다.

(3) 입력 지시어

■ General Remarks 입력

지시어	RM PAX NEEDS ESTA VISA/S2	Free Text 입력
	RM/T//Free Text	입력자 sign코드, 시간이 함께 표시

☞ T : Time Stamp의 약자로 입력자, 시간을 표시하는 Option이다.

```
> RM PAX NEEDS ESTA VISA/S2
> RM/T//ESTA 소지 시 유효기간 확인 요망
  1.LEE/GANGSAN MR
  2  KE 011 E 20JUN 5 ICNLAX DK1  1940 1450  20JUN  E  0 77W BD
     SEE RTSVC
  3  KE 018 E 01JUL 2 LAXICN DK1  1230 1720  02JUL  E  0 388 DL
     SEE RTSVC
  4 AP 032-467-3434 ONE TOUR
  5 APM 010-2333-8910
  6 RM NOTIFY PASSENGER PRIOR TO TICKET PURCHASE & CHECK-IN:
       FEDERAL LAWS FORBID THE CARRIAGE OF HAZARDOUS MATERIALS -
       GGAMAUSHAZ/S2-3
  7 RM PAX NEEDS ESTA VISA/S2
  8 RM ESTA 소지 시 유효기간 확인 요망/SELK1394Z AASU 08FEB1615L
```

■ Confidential Remarks 입력

지시어	RC CREDIT CARD PAYMENT	Free Text 입력

```
> RC CREDIT CARD PAYMENT

--- RLR SFP ---
RP/SELK1394Z/SELK1394Z            AA/SU   8FEB25/0732Z   6ZUWYC
  1.LEE/GANGSAN MR
  2  KE 011 E 20JUN 5 ICNLAX HK1  1940 1450  20JUN  E  KE.6ZUWYC
  3  KE 018 E 01JUL 2 LAXICN HK1  1230 1720  02JUL  E  KE.6ZUWYC
  4 AP 032-467-3434 ONE TOUR
  5 APM 010-2333-8910
  6 TK OK08FEB/SELK1394Z
  7 OPW SELK1394Z-12FEB:1600/1C7/KE REQUIRES TICKET ON OR BEFORE
        13FEB:1600 ICN TIME ZONE/TKT/S2-3
  8 OPC SELK1394Z-13FEB:1600/1C8/KE CANCELLATION DUE TO NO
        TICKET ICN TIME ZONE/TKT/S2-3
  9 RC SELK1394Z-W/CREDIT CARD PAYMENT
```

■ Corporate Remarks 입력

지시어	RX REISSUE CHARGE APPLIED	Free Text 입력

```
> RX REISSUE CHARGE APPLIED

--- RLR SFP ---
RP/SELK1394Z/SELK1394Z            AA/SU   8FEB25/0732Z   6ZUWYC
  1.LEE/GANGSAN MR
  2  KE 011 E 20JUN 5 ICNLAX HK1  1940 1450  20JUN  E  KE.6ZUWYC
  3  KE 018 E 01JUL 2 LAXICN HK1  1230 1720  02JUL  E  KE.6ZUWYC
  4 AP 032-467-3434 ONE TOUR
  5 APM 010-2333-8910
  6 TK OK08FEB/SELK1394Z
  7 OPW SELK1394Z-12FEB:1600/1C7/KE REQUIRES TICKET ON OR BEFORE
        13FEB:1600 ICN TIME ZONE/TKT/S2-3
  8 OPC SELK1394Z-13FEB:1600/1C8/KE CANCELLATION DUE TO NO
        TICKET ICN TIME ZONE/TKT/S2-3
  9 RX REISSUE CHARGE APPLIED
```

④ PNR Element 삭제

1) 여정 및 Data 삭제

TOPAS SellConnect는 PNR 작성 시 입력하는 모든 Data에 Element 번호를 부여하므로 여정이나 Data 취소 시 해당 Element 번호를 사용하여 삭제한다.

(1) 특징

- 여러 개의 Element를 동시에 삭제할 수 있다. 단 여정과 Data는 동시에 삭제할 수 없다.
- PNR 작성 시 자동 입력 된 OPW, OPC Element는 삭제할 수 없다.
- Element 삭제 후에는 반드시 PNR 작성 완료(End Of Transaction)를 해주어야 한다.

(2) 지시어

지시어	XE5	5번 Element 삭제
	XE4-5	4-5번 Element 삭제
	XE4-5,8	4-5, 8번 Element 삭제
	XI	전체 여정 삭제

■ 기준 PNR

```
 1.LIM/HANKANG MR   2.MIN/YOORI MS
 3  KE 645 M 27MAY 2 ICNSIN HK2  1840 2340  27MAY  E  KE/53APXI
 4  KE 648 M 03JUN 2 SINICN HK2  1050 1835  03JUN  E  KE/53APXI
 5 AP 041-335-6677 SMILE TOUR-A
 6 APM 010-3355-7836/P1
 7 APM 010-8519-8880/P2
 8 TK OK08FEB/SELK1394Z
 9 SSR VGML KE HK1/S3/P2
10 SSR VGML KE HK1/S4/P2
11 SSR DBML KE HK1/S3/P1
12 SSR DBML KE HK1/S4/P1
13 SSR DOCS KE HK1 P/KR/M11223344/KR/21JUL90/M/20AUG33/LIM/HANK
      ANG/P1
14 SSR DOCS KE HK1 P/KR/M23452334/KR/25DEC90/F/20AUG33/MIN/YOOR
      I/P2
15 SSR CTCM KE HK1 821033557836/P1
16 SSR CTCM KE HK1 821085198880/P2
```

지시어	XE3

```
> XE3

--- RLR ---
RP/SELK1394Z/SELK1394Z            AA/SU    8FEB25/1411Z    53APXI
  1.LIM/HANKANG MR   2.MIN/YOORI MS
  3  KE 648 M 03JUN 2 SINICN HK2  1050 1835   03JUN  E  KE/53APXI
  4 AP 041-335-6677 SMILE TOUR-A
  5 APM 010-3355-7836/P1
  6 APM 010-8519-8880/P2
  7 TK OK08FEB/SELK1394Z
  8 SSR VGML KE HK1/S3/P2
  9 SSR DBML KE HK1/S3/P1
 10 SSR DOCS KE HK1 P/KR/M11223344/KR/21JUL90/M/20AUG33/LIM/HANK
       ANG/P1
 11 SSR DOCS KE HK1 P/KR/M23452334/KR/25DEC90/F/20AUG33/MIN/YOOR
       I/P2
 12 SSR CTCM KE HK1 821033557836/P1
 13 SSR CTCM KE HK1 821085198880/P2
```

지시어	XE6-7

```
> XE6-7

--- RLR ---
RP/SELK1394Z/SELK1394Z            AA/SU    8FEB25/1411Z    53APXI
  1.LIM/HANKANG MR   2.MIN/YOORI MS
  3  KE 645 M 27MAY 2 ICNSIN HK2  1840 2340   27MAY  E  KE/53APXI
  4  KE 648 M 03JUN 2 SINICN HK2  1050 1835   03JUN  E  KE/53APXI
  5 AP 041-335-6677 SMILE TOUR-A
  6 TK OK08FEB/SELK1394Z
  7 SSR VGML KE HK1/S3/P2
  8 SSR VGML KE HK1/S4/P2
  9 SSR DBML KE HK1/S3/P1
 10 SSR DBML KE HK1/S4/P1
 11 SSR DOCS KE HK1 P/KR/M11223344/KR/21JUL90/M/20AUG33/LIM/HANK
       ANG/P1
 12 SSR DOCS KE HK1 P/KR/M23452334/KR/25DEC90/F/20AUG33/MIN/YOOR
       I/P2
 13 SSR CTCM KE HK1 821033557836/P1
 14 SSR CTCM KE HK1 821085198880/P2
```

지시어	XE6,9-12

```
> XE6,9-12

--- RLR ---
RP/SELK1394Z/SELK1394Z            AA/SU   8FEB25/1411Z   53APXI
  1.LIM/HANKANG MR   2.MIN/YOORI MS
  3  KE 645 M 27MAY 2 ICNSIN HK2  1840 2340  27MAY  E  KE/53APXI
  4  KE 648 M 03JUN 2 SINICN HK2  1050 1835  03JUN  E  KE/53APXI
  5 AP 041-335-6677 SMILE TOUR-A
  6 APM 010-8519-8880/P2
  7 TK OK08FEB/SELK1394Z
  8 SSR DOCS KE HK1 P/KR/M11223344/KR/21JUL90/M/20AUG33/LIM/HANK
       ANG/P1
  9 SSR DOCS KE HK1 P/KR/M23452334/KR/25DEC90/F/20AUG33/MIN/YOOR
       I/P2
 10 SSR CTCM KE HK1 821033557836/P1
 11 SSR CTCM KE HK1 821085198880/P2
```

지시어	XI or XE3-4

```
> XI

--- RLR ---
RP/SELK1394Z/SELK1394Z            AA/SU   8FEB25/1411Z   53APXI
  1.LIM/HANKANG MR   2.MIN/YOORI MS
  3 AP 041-335-6677 SMILE TOUR-A
  4 APM 010-3355-7836/P1
  5 APM 010-8519-8880/P2
  6 TK OK08FEB/SELK1394Z
  7 SK SSRX KE SSRS HAVE BEEN CANCELLED-PLZ TAKE ACTION
```

5 Re-booking PNR

PNR 작성 중 또는 완료 후에 여정 Element를 삭제하지 않고 여정의 날짜, 항공편, Booking Class, 좌석 수 등을 변경할 수 있는 편리한 기능이며, 재 예약 후에는 반드시 PNR 작성 완료(End Of Transaction)를 해주어야 한다.

■ 기준 PNR

```
1.AN/NARA MS
2  KE 657 M 11JUL 5 ICNBKK HK1  0930 1315  11JUL  E  KE/53FWIK
3  KE 660 M 17JUL 4 BKKICN HK1  0950 1735  17JUL  E  KE/53FWIK
4 AP 032-767-7777 GAJA TOUR-A
5 APM 010-9890-8777
6 TK OK08FEB/SELK1394Z
7 OPW SELK1394Z-12FEB:1600/1C7/KE REQUIRES TICKET ON OR BEFORE
     13FEB:1600 ICN TIME ZONE/TKT/S2-3
8 OPC SELK1394Z-13FEB:1600/1C8/KE CANCELLATION DUE TO NO
     TICKET ICN TIME ZONE/TKT/S2-3
```

▶ 날짜 재예약(Re-booking)

지시어	SB19JUL3	
설명	SB	Should Be 변경 기본 지시어
	19JUL	변경할 날짜
	3	변경할 여정의 Element 번호

```
> SB 19JUL3

--- RLR ---
RP/SELK1394Z/SELK1394Z            AA/SU   8FEB25/1443Z   53FWIK
  1.AN/NARA MS
  2  KE 657 M 11JUL 5 ICNBKK HK1  0930 1315  11JUL  E  KE/53FWIK
  3  KE 660 M 19JUL 6 BKKICN DK1  0950 1735  19JUL  E  0 333 L
     SEE RTSVC
  4 AP 032-767-7777 GAJA TOUR-A
  5 APM 010-9890-8777
  6 TK OK08FEB/SELK1394Z
```

▶ Booking Class 재예약(Re-booking)

지시어	SB Y 또는 SB Y2-3	전 구간 Y Class로 변경

```
> SBY

--- RLR ---
RP/SELK1394Z/SELK1394Z          AA/SU   8FEB25/1443Z   53FWIK
  1.AN/NARA MS
  2  KE 657 Y 11JUL 5 ICNBKK DK1  0930 1315   11JUL  E  0 789 L
     SEE RTSVC
  3  KE 660 Y 17JUL 4 BKKICN DK1  0950 1735   17JUL  E  0 333 L
```

```
> SB Y2-3

--- RLR ---
RP/SELK1394Z/SELK1394Z          AA/SU   8FEB25/1443Z   53FWIK
  1.AN/NARA MS
  2  KE 657 Y 11JUL 5 ICNBKK DK1  0930 1315   11JUL  E  0 789 L
     SEE RTSVC
  3  KE 660 Y 17JUL 4 BKKICN DK1  0950 1735   17JUL  E  0 333 L
```

▶ 항공편 재예약(Re-booking)

지시어	SB KE651*2	2번 여정을 KE651로 변경

※ 구분 기호 * 는 항공편명과 여정 번호를 구분하기 위해 항공편 재예약 시에만 입력한다.

```
> SB KE651*2

--- RLR ---
RP/SELK1394Z/SELK1394Z          AA/SU   8FEB25/1443Z   53FWIK
  1.AN/NARA MS
  2  KE 651 M 11JUL 5 ICNBKK DK1  1805 2145   11JUL  E  0 333 D
     SEE RTSVC
  3  KE 660 M 17JUL 4 BKKICN HK1  0950 1735   17JUL  E  KE/53FWIK
  4 AP 032-767-7777 GAJA TOUR-A
  5 APM 010-9890-8777
```

▶ 좌석 수 변경

지시어	4/2	4번 여정의 좌석수를 2석으로 변경

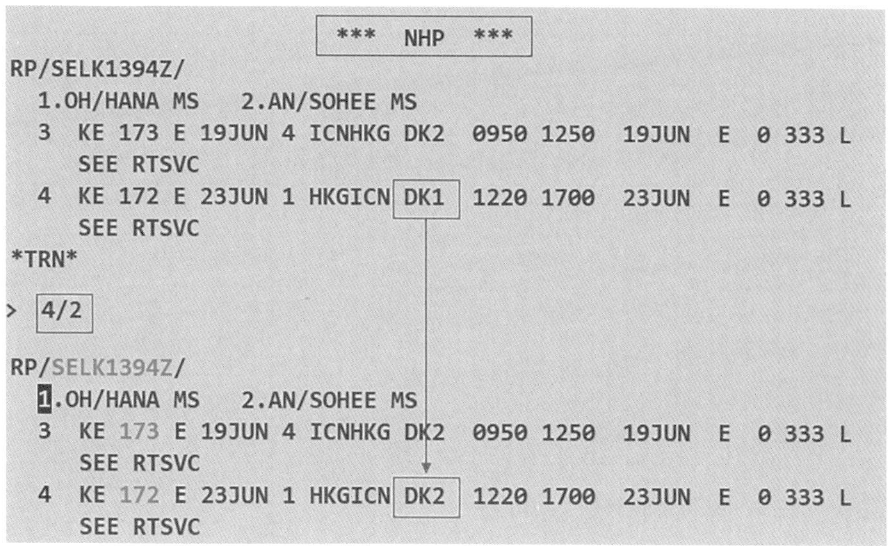

```
*** NHP ***
RP/SELK1394Z/
  1.OH/HANA MS    2.AN/SOHEE MS
  3  KE 173 E 19JUN 4 ICNHKG DK2  0950 1250  19JUN  E  0 333 L
     SEE RTSVC
  4  KE 172 E 23JUN 1 HKGICN DK1  1220 1700  23JUN  E  0 333 L
     SEE RTSVC
*TRN*
> 4/2

RP/SELK1394Z/
  1.OH/HANA MS    2.AN/SOHEE MS
  3  KE 173 E 19JUN 4 ICNHKG DK2  0950 1250  19JUN  E  0 333 L
     SEE RTSVC
  4  KE 172 E 23JUN 1 HKGICN DK2  1220 1700  23JUN  E  0 333 L
     SEE RTSVC
```

※ 좌석 수 변경 지시어는 PNR 작성 중에만 가능하며, 좌석의 증가, 감소 모두 가능하다.

※ KE의 경우 IN/OUT Bound의 좌석 수가 다르면 일반적인 여정 예약은 불가능하므로 좌석 수와 승객 수를 맞추거나 NHP PNR 작성을 해야 한다.

PNR 작성, 수정 및 삭제 지시어 정리

1) 성명(Name) 입력 지시어

지시어	설명
NM1KANG/DAEHAN,MR	성인 남자 승객 이름 입력
NM2KANG/DAEHAN,MR/MINGUK,MR	동일한 성을 가진 승객 동시 입력
NM1KANG/DAEHAN,MR1SHIN/NARA,MS	2명 이상의 승객 성명 동시 입력
NM1KANG/SARANG,MS(CHD/05MAY20)	소아(Child) 승객 성명 입력
NM1SHIN/NARA,MS(INFKANG/MANSAE,MSTR/25DEC24)	보호자와 성이 동일하지 않은 유아 성명 입력
NM1KANG/DAEHAN,MR(INF/MANSAE,MSTR/25DEC24)	성이 보호자와 동일한 유아 성명 입력
1/(INF/MANSAE,MSTR/25DEC24)	1번 보호자 성명에 성이 동일한 유아 성명 추가 입력
1/	1번 보호자 승객의 유아 성명 삭제
3/(CHD/05MAY20)	3번 소아 승객 생년월일 추가 입력
3/1SEO/HONGCHUL,MR	3번 승객 성명 수정

2) 연락처(Address & Phone) 입력 지시어

지시어	설명
AP 02-123-4567 HAN TOUR-A	여행사(Agency) 전화번호
APM-010-123-4567	모바일(Mobile)폰 번호
APH-02-987-6543	집(Home) 전화 번호
APB-02-456-7890	사무실(Business) 전화 번호
APE-TOPAS@NAVER.COM	E-mail 주소
4/02-876-5432	4번 Element 집 전화번호 수정

3) 여정(Itinerary) 입력 지시어

지시어	설명
AN20DECSELSIN/AKE → SS1E2	Availability 조회 후 2번 스케줄 항공편으로 E class 1명 예약
AN30NOVSELDXB/APR → SS1SL2	Availability 조회 후 연결편이 각각 다른 Booking Class 인 경우 : S+L Class 1좌석
AN20DECSELMNL/AKE*25DEC/AKE → SS1E1*12	왕복 Availability 확인 후 왕복편 동시 예약: E class로 2번과 12번 항공편 동시 예약
SS KE081 Y 30JUL SELNYC 1	7/30일 KE081편 서울-뉴욕 Y Class 직접 예약
SO KE Y LAXICN	미확정 구간 예약
AN20JULSELSFO/AKE → SS1E2/PE	E Class 1석 대기자 예약
SS KE025 M 20JUL SELSFO PE1	대기자 직접 예약
SI ARNK	비항공 운송구간 예약

4) 항공권 사항(Ticket Arrangement) 입력 지시어

지시어	설명
TKTL10JAN/1700	여행사 자체 발권시한 입력. 시한이 지나도 예약 취소되지 않음
TKOK	바로 발권 또는 Ticket 번호가 있는 경우
TKXL10JAN/1700	항공권 발권 권고 시한 입력. 시한이 지나면 예약 자동 취소됨

5) 요청자(Received From) 사항 입력 지시어

지시어	설명
RF HONG GILDONG MR	예약 및 변경 요청자 입력

6) 참고사항(Remarks) 입력 지시어

지시어	설명
RM + Free Text	General Remarks
RC + Free Text	Confidential Remarks
RX + Free Text	Corporate Remarks

7) 서비스 사항(Fact Element) 입력 지시어

지시어	설명
OS SQ GOLF PLAYER/P1	Other Service 신청, 정보만 전달 됨
SR VGML	채식 신청
SR VGML / P1 / S3	1번 승객의 3번 여정에 채식 신청
SR BBML / S3 /P1	1번 승객 동반 유아의 3번 여정에 유아식
SR CHML-SPAGHETTI/S3/P2 SR CHML-HAMBURGER/S4/P2	2번 승객의 3번 여정에 스파게티 소아식 2번 승객의 4번 여정에 햄버거 소아식
SR CHML-1HAMBURGER/2 SPAGHETTI / S3 / P2	동일 여정에 햄버거&스파게티 소아식 신청
SR-DOCS-P-KR-M11223344-KR-05SEP90-F-23JUL34-SHIN/NARAE/P1	APIS 여권정보 입력
FFAOZ-315948306	FQTV 정보를 제공하는 항공사의 회원 번호 입력
FFNDL-9177133809	① 정보를 제공하지 않는 항공사 번호 입력 ② 완성된 PNR에 입력하는 경우
FFNOZ-315948306,AC	탑승 항공사(AC)와 가입 항공사(OZ)가 다른 경우 회원번호 입력
FFDOZ-315948306	마일리지 카드 조회
VFFD LH	LH 항공사와 마일리지 제휴 항공사 조회

8) 예약 기록(PNR) 삭제 지시어

지시어	설명
XE5	5번 Element 삭제
XE4-5,8	4-5, 8번 Element 삭제
XI	전체 여정 삭제

9) PNR Re-booking 지시어

지시어	설명
SB KE651 * 2	2번 여정 KE651편으로 Re-booking
SB 05FEB 3	3번 여정 2월 5일로 Re-booking
SB M	전 구간 Booking Class M 으로 Rebooking
4/2	4번 여정 좌석수를 2좌석으로 변경

실습문제

《실습 1》

구분	문제	지시어
승객 성명	① 본인 ② 아버지 (동일성을 가진 성명 동시 입력 예약)	
연락처	① 해피여행사 032-737-2000 ② 본인 휴대폰 번호 ③ 아버지 이메일 주소 happy@naver.com	
여정	① 11/17일 서울-홍콩 KEOOO Y CLASS ② 11/30일 홍콩-서울 KEOOO Y CLASS 단 좌석이나 스케줄이 없는 경우 임의로 예약 가능	
요청 사항	① 본인 전체 여정에 채식 ② 아버지 전체 여정에 당뇨식	
요청자	본인	
PNR 저장	PNR Address :	

《실습 2》

구분	문제	지시어
승객 성명	① 본인 ② LEE/GANGGUK MR ③ LEE/SEULGI(남아/2020.01.01.) ④ LEE/SEULA (여아/2024.12.05./보호자 본인)	
연락처	① 스마일 여행사 032-233-7000 ② 본인 휴대폰 번호 ③ 이강국 휴대폰 010-1234-4567	
여정	① 12/02일 서울-런던 KEOOO Y CLASS ② 1/05일 파리-서울 KEOOO Y CLASS (여정의 연속성 맞추어 예약) 단 좌석이나 스케줄이 없는 경우 임의로 예약 가능	
요청 사항	① 본인 서울-런던 여정에 채식 ② 이슬기 전체 여정에 소아식 핫도그 신청 ③이슬아 전체 여정에 유아식 신청	
요청자	본인	
PNR 저장	PNR Address :	

《실습 3》

구분	문제	지시어
승객 성명	① 본인 ② GONG/HANGUK MR ③ GONG/NARA(여아, 2020.11.25.)	
연락처	① 041-700-3100 MZ TOUR ② 본인 휴대폰 번호 ③ 공한국 이메일 HANGUK@DAUM.NET	
여정	① 11/15 서울-오사카 KEOOO Y CLASS ② 11/19 오사카-서울 KEOOO Y CLASS 단 좌석이나 스케줄이 없는 경우 임의로 예약 가능	
요청 사항	① 본인 전체 여정에 당뇨식 신청 ② 소아 승객 소아식 신청 (출발편:Sandwich, 귀국편:Hamburger)	
비고 사항	General Remarks 임의 입력	
PNR 저장	PNR Address :	
변경 사항	오사카-서울 11/23일로 날짜 변경	
요청자	본인	

《실습 4》

구분	문제	지시어
승객 성명	① HAN/GANG MS ② KANG/SAN MR	
연락처	①MAEUM TOUR 041-233-7000 ②본인 휴대폰 번호	
여정	①12/13일 서울-동경 KEOOO Y CLASS ②12/17일 동경-서울 KEOOO Y CLASS 단 좌석이나 스케줄이 없는 경우 임의로 예약 가능	
요청 사항	① 1번 승객 APIS정보 입력 (생년월일:1998.05.05.) ② 2번 승객 APIS정보 입력 (생년월일:1998.12.31.)	
PNR 저장	PNR Address :	
변경 사항	전체 여정 취소	
요청자	2번 승객	

실전문제

1 다음 중 PNR의 각 Element에 대한 기본 Entry(지시어)로 틀린 것을 고르시오.

① 성명 : NM ② 연락처 : PH

③ 여정 : SS ④ Remarks : RE

2 승객의 여정이 미확정 된 경우 미확정 구간을 입력하는 Entry(지시어)를 기재하시오.

(항공사 : AF, Booking Class : Y, 여정 : CDGICN)

3 다음 중 PNR 작성에 대한 설명으로 틀린 것을 고르시오.

① PNR의 필수 구성요소는 성명, 전화번호(연락처), 여정, Ticket Arrangement이다.

② 중간에 비항공운송구간이 발생하더라도 반드시 ARNK를 입력할 필요는 없다.

③ 여정은 출발 순서대로 입력하지 않아도 자동으로 여정 순서가 조정된다.

④ 성명 입력 시 입력 순서와는 상관없이 알파벳 순서대로 저장된다.

4 다음 PNR을 참고하여 아래 내용 중 수정/삭제에 대한 설명으로 틀린 것을 고르시오.

```
--- RLR ---
RP/SELK1394Z/SELK1394Z            AA/SU   9FEB25/0851Z   57DTWX
  1.PARK/DAEHAK MR
  2.LEE/SOOYOUNG MS(INFPARK/HOO MSTR/15SEP24)
  3  TG 659 V 20JUL 7 ICNBKK HK2  0935 1325  20JUL  E  TG/57DTWX
  4  TG 652 V 25JUL 5 BKKICN HK2  0800 1525  25JUL  E  TG/57DTWX
  5 AP SEL 1566-0014 - TOPAS TRAINING VIRTUALIZATION - A
  6 APM 010-4646-3478/P1
  7 TK OK09FEB/SELK1394Z
  8 SSR INFT TG HK1 PARK/HOOMSTR 15SEP24/S3/P2
  9 SSR INFT TG HK1 PARK/HOOMSTR 15SEP24/S4/P2
 10 OPW SELK1394Z-13FEB:1800/1C7/TG REQUIRES TICKET ON OR BEFORE
        14FEB:1800/S3-4
 11 OPC SELK1394Z-14FEB:1800/1C8/TG CANCELLATION DUE TO NO
        TICKET/S3-4
```

① 1번 승객의 휴대폰 번호를 삭제하는 Entry는 XE6 이다.

② TG652편의 날짜를 28JUL로 변경하는 Entry는 SB28JUL4 이다.

③ 3번 여정을 취소하는 Entry는 XE3 이다.

④ 유아의 성명을 삭제하는 Entry는 XE2(INF) 이다.

5 다음 조건에 맞는 SSR 요청 Entry를 기재하시오.

조건	2번 승객, 4번 여정, 요청사항-소아식(Spaghetti)

6 다음 여정에서 인천-하노이 구간의 날짜를 5월 15일로 Re-booking하는 여정변경 간편 Entry를 기재하시오.

```
1.JANG/GEURI MR
2  VN 417 Q 10MAY 6 ICNHAN DK1  1005 1230  10MAY  E  0 787 CL
```

7 다음 여정에서 인천-나리타 구간의 항공편을 KE705편으로 Re-booking하는 여정 변경 간편 Entry를 기재하시오.

```
RP/SELK1394Z/
  1.JANG/HANI MS
  2  KE 703 Y 10NOV 7 ICNNRT DK1  0955 1220  10NOV  E  0 74H M
```

8 PNR 작성 완료 시 다음과 같은 Error Message가 표시되어 전체여정에 핫도그(Hot Dog)를 신청하고자 할 때 알맞은 Entry를 기재하시오.

```
RP/SELK1394Z/
  1.HAN/SARANG MS   2.HAN/GUKMINS MSTR(CHD/25DEC16)
  3  KE 631 E 01OCT 2 ICNCEB DK2  2005 2330  01OCT  E  0 333 D
     SEE RTSVC
  4  KE 632 E 07OCT 1 CEBICN DK2  0100 0625  07OCT  E  0 333 B
     SEE RTSVC
  5 AP SEL 1566-0014 - TOPAS TRAINING UNIVERSITY - A
  6 APM 010-3456-9977/P1
  7 SSR CHLD KE HK1 25DEC16/P2
*TRN*
>ET
RESERVATION NUMBER BASED ON PHONE:3456-9977
NEED CHILD/INFANT MEAL
```

9 다음의 조건으로 여정을 직접 예약(Direct Booking)하는 Entry를 기재하시오.

조건	KE901편, B CLASS, 10월30일 출발, 인천-파리

10 다음의 PNR에서 마닐라-인천 구간의 좌석 수를 승객 수에 알맞게 변경하는 Entry를 기재하시오.

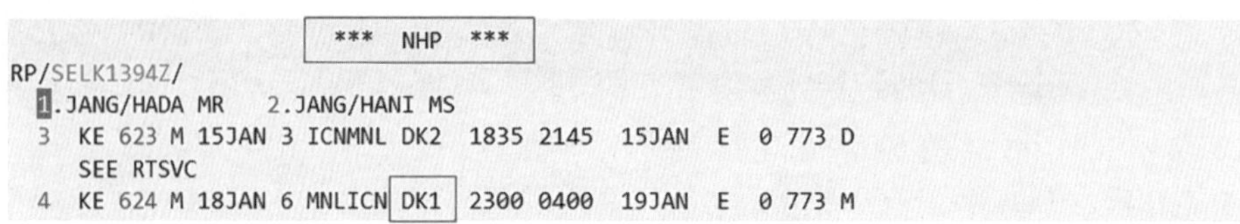

```
                              ***  NHP  ***
RP/SELK1394Z/
  1.JANG/HADA MR    2.JANG/HANI MS
  3  KE 623 M 15JAN 3 ICNMNL DK2  1835 2145  15JAN  E  0 773 D
     SEE RTSVC
  4  KE 624 M 18JAN 6 MNLICN DK1  2300 0400  19JAN  E  0 773 M
```

11 PNR 작성 완료 시 다음과 같은 Warning Message가 보이지 않도록 입력할 수 있는 Entry를 기재하시오.

```
RP/SELK1394Z/
  1.LEE/TEST MR
  2  KE 905 M 16DEC 1 ICNFRA DK1  1320 1730  16DEC  E  0 77W LD
     SEE RTSVC
  3  KE 932 M 26DEC 4 FCOICN DK1  2215 1700  27DEC  E  0 74H BD
     SEE RTSVC
  4 AP SEL 1566-0014 - TOPAS TRAINING UNIVERSITY - A
  5 APM 010-9999-5555
*TRN*
>ER
WARNING: CHECK SEGMENT CONTINUITY - SEGMENT 2/3
```

12 다음 중 특별서비스 요청 Entry와 설명으로 옳은 것을 고르시오.

① OS KE HOCKEY PLAYER/P1 : 항공사로부터 반드시 응답을 받아야 하는 서비스 요청 Entry

② SR-DOCS-P-KR-05SEP05-F-JANG/HADA : 여권번호를 모르는 경우 생년월일로만 APIS 입력하는 Entry

③ SR DBML/P2 : 2번 승객의 3번 여정에만 당뇨식 신청

④ SR NOCM/P3 : KE 항공에 예약되어 있는 3번 소아승객이 소아식을 신청하지 않을 경우 입력 Entry

13 다음의 PNR Re-booking 지시어가 틀린 것을 고르시오.

① SB KE001/4 : 4번 여정의 항공편을 KE001로 변경
② SB M : 전체 여정의 Booking Class를 M Class로 변경
③ SB 15AUG5 : 5번 여정의 날짜를 8월15일로 변경
④ SB B4 : 4번 여정 B Class로 변경

14 다음의 PNR에서 1번 승객에 여자 유아 성명(KANG/SORI, 생년월일 : 2024.07.02.)을 추가하는 Entry를 기재하시오.

```
RP/SELK1394Z/
  1.HAN/SARANG MS
  2  KE 637 Y 09OCT 3 ICNHKT DK1  1900 2315  09OCT  E  0 333 DR
```

15 전체 여정을 삭제하는 간편 Entry를 기재하시오.

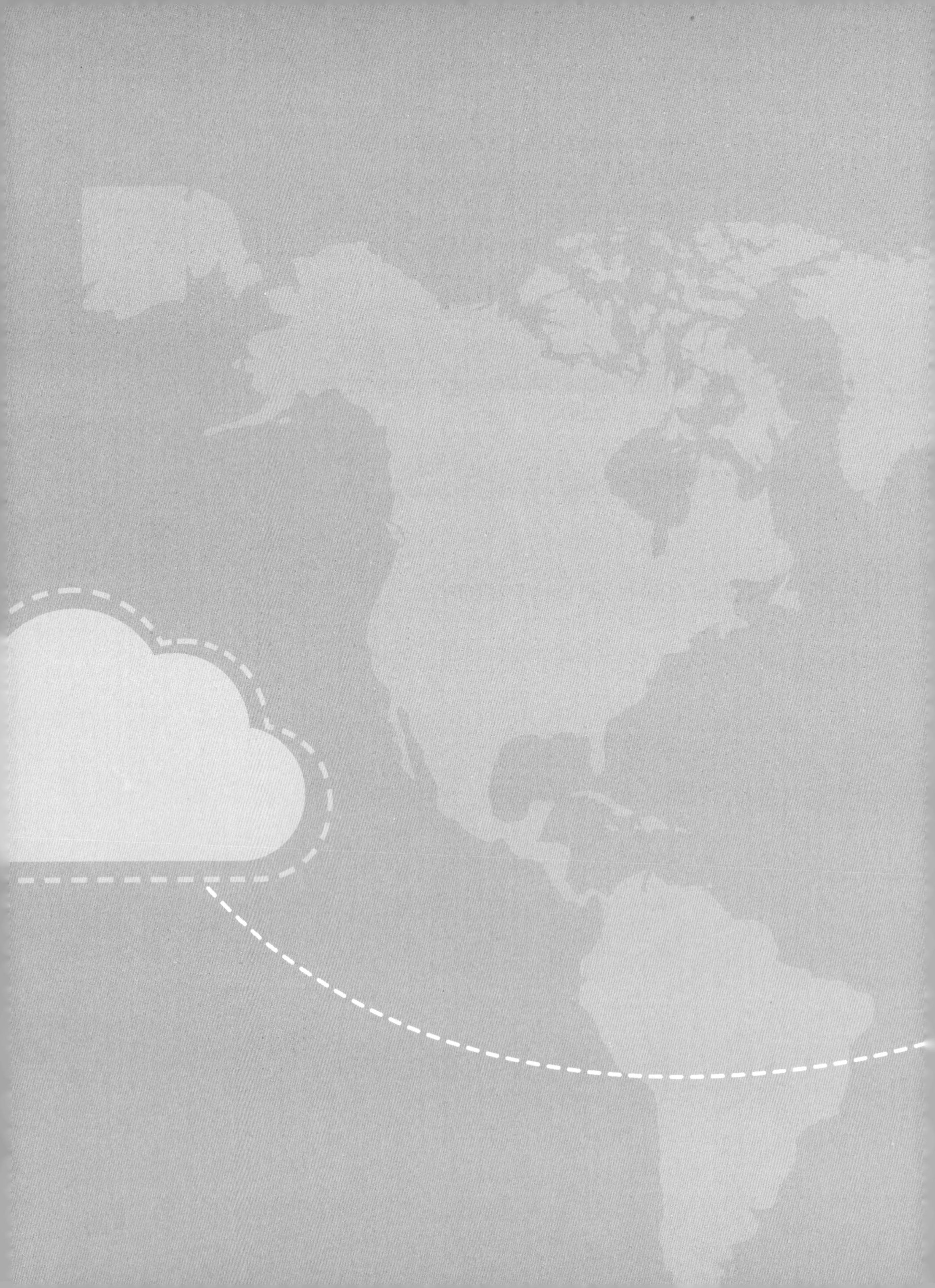

제4장

예약 기록(PNR)의 완료 및 조회

예약 기록(PNR) 작성의 완료

- PNR 생성 및 변경 작업을 마치면 완료 지시어(End Of Transaction)를 입력하여 TOPAS SellConnect Main Computer에 저장하게 된다.
- PNR이 저장되면 해당 PNR의 고유 번호인 예약번호(PNR Address)가 부여된다.

1) PNR 완료 및 저장(End Of Transaction) 지시어

지시어	ET	End Of Transaction : PNR 저장 후 작업 종료
	ER	End and Retrieve : PNR 저장 후 PNR 재 조회
	ETK/ERK	PNR Status(KK/PN/WK/SC) 자동 정리 후 저장

■ PNR 작성 완료 및 저장(End Of Transaction)

지시어	ET

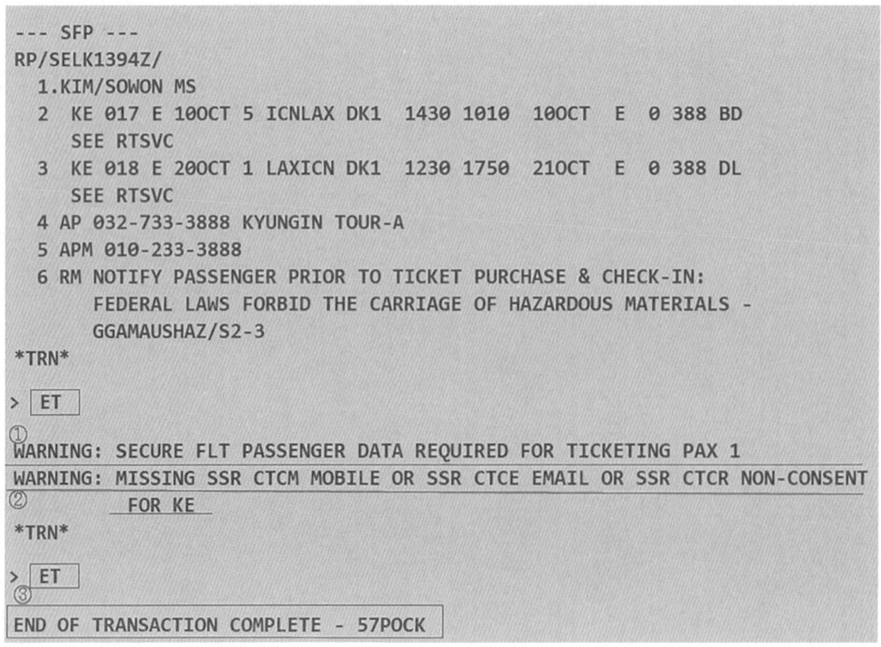

```
--- SFP ---
RP/SELK1394Z/
  1.KIM/SOWON MS
  2  KE 017 E 10OCT 5 ICNLAX DK1  1430 1010  10OCT  E  0 388 BD
     SEE RTSVC
  3  KE 018 E 20OCT 1 LAXICN DK1  1230 1750  21OCT  E  0 388 DL
     SEE RTSVC
  4 AP 032-733-3888 KYUNGIN TOUR-A
  5 APM 010-233-3888
  6 RM NOTIFY PASSENGER PRIOR TO TICKET PURCHASE & CHECK-IN:
       FEDERAL LAWS FORBID THE CARRIAGE OF HAZARDOUS MATERIALS -
       GGAMAUSHAZ/S2-3
*TRN*
> ET
①
WARNING: SECURE FLT PASSENGER DATA REQUIRED FOR TICKETING PAX 1
WARNING: MISSING SSR CTCM MOBILE OR SSR CTCE EMAIL OR SSR CTCR NON-CONSENT
②          FOR KE
*TRN*
> ET
③
END OF TRANSACTION COMPLETE - 57POCK
```

① APIS DOCS 정보(여권 정보)가 입력되어 있지 않은 경우의 Warning Message 이다.

② 승객의 현지연락처나 이메일 주소가 SR 사항에 입력되어 있지 않은 경우의 Warning Message 이다.

③ PNR 완료 및 저장이 성공적으로 되어 예약 번호(PNR Address)가 부여된다.

■ PNR 완료(End Of Transaction)와 조회(Retrieve)의 동시 작업

PNR을 완료(End Of Transaction) 하면 PNR은 Main Computer에 보관되고 이를 다시 확인하기 위해서는 조회 지시어를 사용해서 확인해야 하는 번거로움이 있는데 다음의 지시어를 사용하여 편리하게 PNR 완료와 조회를 동시에 할 수 있다.

지시어	ER	EOT 후 PNR 재 조회(Retrieve)

```
--- SFP ---
RP/SELK1394Z/
  1.KANG/SORA MS
  2  KE 071 M 17JUN 2 ICNYVR DK1  1850 1240  17JUN  E  0 789 BD
     OBSERVE CTA SEATING GUIDE FOR CHILDREN UNDER 14
     SEE RTSVC
  3  KE 072 M 27JUN 5 YVRICN DK1  1430 1750  28JUN  E  0 789 DL
     OBSERVE CTA SEATING GUIDE FOR CHILDREN UNDER 14
     SEE RTSVC
  4 AP 041-365-9999 BAEKJAE TOUR-A
  5 APM 010-4114-4114
*TRN*
> ER

WARNING: SECURE FLT PASSENGER DATA REQUIRED FOR TICKETING PAX 1
WARNING: MISSING SSR CTCM MOBILE OR SSR CTCE EMAIL OR SSR CTCR NON-CONSENT
          FOR KE
*TRN*
```

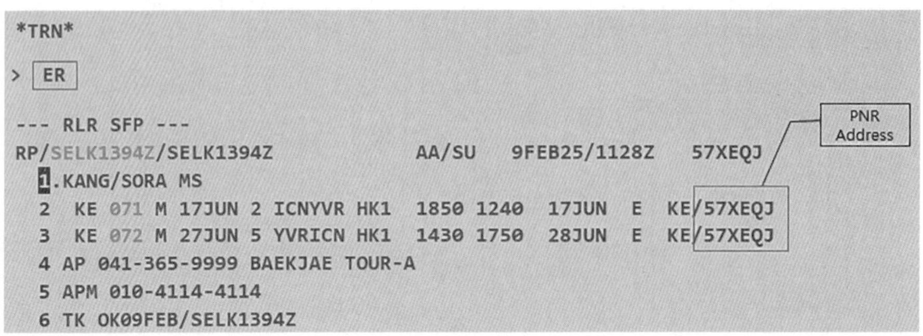

```
*TRN*
> ER
--- RLR SFP ---
RP/SELK1394Z/SELK1394Z            AA/SU   9FEB25/1128Z    57XEQJ
  1.KANG/SORA MS
  2  KE 071 M 17JUN 2 ICNYVR HK1  1850 1240  17JUN  E  KE/57XEQJ
  3  KE 072 M 27JUN 5 YVRICN HK1  1430 1750  28JUN  E  KE/57XEQJ
  4 AP 041-365-9999 BAEKJAE TOUR-A
  5 APM 010-4114-4114
  6 TK OK09FEB/SELK1394Z
```


☞ 상기 응답 화면은 PNR 작성 완료(ET) 후 예약번호를 조회(RT)한 것과 동일한 결과이다.

■ PNR Status(KK/PN/WK/SC) 자동 정리 후 저장

지시어		
지시어	ETK	여정 및 SR Status 자동 정리 & 저장
	ERK	여정 및 SR Status 자동 정리 & 저장 후 PNR 재 조회

【사례 PNR】

Entry 화면 - KI MINKYEONG MS (1) - 17AUG - SEA - 2737-3703

```
--- TST RLR RLP SFP ---
RP/SELK133R4/SELK133R4            DL/RM  27JUL19/1452Z    VUP8ZP
2737-3703
  1.KI/MINKYEONG MS
  2  KE 019 M 17AUG 6 ICNSEA HK1  1640 1055  17AUG  E  KE/VUP8ZP
  3  DL5688 M 17AUG 6 SEASMF HK1  1315 1516  17AUG  E  DL/GQB43Z
     OPERATED BY SUBSIDIARY/FRANCHISE
  4  DL4134 U 05JUN 5 SMFSEA UN1  1016 1222  05JUN  E  DL/GQB43Z
     OPERATED BY SUBSIDIARY/FRANCHISE
  5  DL2300 U 05JUN 5 SMFSEA TK1  1016 1226  05JUN  E  DL/GQB43Z
  6  KE 020 U 05JUN 5 SEAICN HK1  1310 1640  06JUN  E  KE/VUP8ZP
  7 A KOREAN AIR 3-777 - T-GALLERY TOUR - A
  8 APM 010-8529-8780
  9 TK OK25JUL/SELK132A4//ETKE
 10 SSR RQST KE HK1 ICNSEA/29GN,P1/S2    SEE RTSTR
 11 SSR RQST DL HK1 SEASMF/12BN,P1/RS/RS/S3    SEE RTSTR
 12 SSR RQST DL UN1 SMFSEA/12B,P1/RS/RS/S4    SEE RTSTR
 13 SSR NSST DL KK1 SMFSEA/18B,P1/RS/RS/S5    SEE RTSTR
 14 SSR RQST KE HK1 SEAICN/44DN,P1/S6    SEE RTSTR
```

지시어	ERK	

Entry 화면 - KI MINKYEONG MS (1) - 17AUG - SEA - 2737-3703

```
> ERK

--- TST RLR RLP SFP ---
RP/SELK133R4/SELK133R4           AA/SU  29JUL19/0124Z   VUP8ZP
2737-3703
  1.KI/MINKYEONG MS
  2  KE 019 M 17AUG 6 ICNSEA HK1  1640 1055  17AUG  E  KE/VUP8ZP
  3  DL5688 M 17AUG 6 SEASMF HK1  1315 1516  17AUG  E  DL/GQB43Z
     OPERATED BY SUBSIDIARY/FRANCHISE
  4  DL2300 U 05JUN 5 SMFSEA HK1  1016 1226  05JUN  E  DL/GQB43Z
  5  KE 020 U 05JUN 5 SEAICN HK1  1310 1640  06JUN  E  KE/VUP8ZP
  6 AP SEL 02-7373-777 - T-GALLERY TOUR - A
  7 APM 010-8529-8780
  8 TK OK25JUL/SELK132A4//ETKE
  9 SSR RQST KE HK1 ICNSEA/29GN,P1/S2   SEE RTSTR
 10 SSR RQST DL HK1 SEASMF/12BN,P1/RS/RS/S3   SEE RTSTR
 11 SSR NSST DL HK1 SMFSEA/18B,P1/RS/RS/S4   SEE RTSTR
 12 SSR RQST KE HK1 SEAICN/44DN,P1/S5   SEE RTSTR
```

☞ 응답 Code인 UN/TK/KK가 상태 Code인 HK로 변경되었다.

2) PNR 작성 취소(Ignore Transaction)

지시어	IG	Ignore : 새로 진행 중인 PNR 작업 취소 후 종료
	IR	Ignore and Retrieve : 새로 진행 중인 내용 취소 후 PNR 재 조회

Entry 화면 1

```
> IG

IGNORED
```

■ PNR 작성 완료 시 Error 메시지와 조치 방법

Error Response	원인	조치 사항
NEED PASSENGER/SEGMENT ASSO	승객 수와 좌석 수가 일치하지 않는 경우 표출(승객수>좌석수)	승객 수와 좌석 수를 일치시킴
PLZ DELETE SK SSRX/SSTX-REAPPLY SSR/SEAT-REFER TO HISTORY	여정 변경 시 기존 여정에 SR이 입력되어 있는 경우 표출(SK항목 생성)	기존 SK사항(SSRX/SSTX) 삭제 후 재입력
CHECK SEGMENT CONTINUITY-SEGMENT	여정의 연속이 맞지 않는 경우	APNK를 입력하거나 저장 지시어를 한 번 더 입력
NEED CHILD/INFANT MEAL	KE의 경우 유/소아 예약 시 유아식/소아식 신청이 안 되어 있는 경우 표출	유아식 : SR BBML 소아식 : SR CHML 또는 SR NOCM 입력
CHECK OSI/SSR STATUS CODE	SSR/OSI가 최종 상태 Code로 되어 있지 않은 경우 표출	ERK, ETK를 이용하여 최종 상태 Code로 변경
RESTRICTED/NEED GROUP FARE	Group Fare 미입력 시 표출	SR GRPF KE-GV10
SECURE FLT PASSENGER DATA REQUIRED FOR TICKETING PAX	APIS 미입력 시 표출	APIS 입력

② 예약 기록(PNR)의 조회(Retrieve)

1) PNR 조회

완료되어 저장된 PNR은 승객의 모든 여정이 완료되기 전까지 언제든 조회가 가능하다.

■ PNR Address 이용 조회

지시어	RT57DTWX	
	RT	조회(Retrieve)의 기본 지시어
	57DTWX	예약 번호(PNR Address)

```
> RT57DTWX

--- RLR ---
RP/SELK1394Z/SELK1394Z            AA/SU   9FEB25/0851Z   57DTWX
  1.PARK/DAEHAK MR
  2.LEE/SOOYOUNG MS(INFPARK/HOO MSTR/15SEP24)
  3  TG 659 V 20JUL 7 ICNBKK HK2  0935 1325  20JUL  E  TG/57DTWX
  4  TG 652 V 25JUL 5 BKKICN HK2  0800 1525  25JUL  E  TG/57DTWX
  5 AP SEL 1566-0014 - TOPAS TRAINING VIRTUALIZATION - A
  6 APM 010-4646-3478/P1
  7 TK OK09FEB/SELK1394Z
  8 SSR INFT TG HK1 PARK/HOOMSTR 15SEP24/S3/P2
  9 SSR INFT TG HK1 PARK/HOOMSTR 15SEP24/S4/P2
 10 OPW SELK1394Z-13FEB:1800/1C7/TG REQUIRES TICKET ON OR BEFORE
        14FEB:1800/S3-4
 11 OPC SELK1394Z-14FEB:1800/1C8/TG CANCELLATION DUE TO NO
        TICKET/S3-4
```

■ 승객 성명 이용 조회

▶ Full Name 입력

지시어	RT/PARK/DAEHAK → RT 3

```
RT/PARK/DAEHAK                    ①     ②   ③       ④         ⑤  ⑥
  1 PARK/DAEHAK MR               KE 621  E  10MAR  ICNMNL     1  582MUG
  2 PARK/DAEHAK MR               KE 401  U  10MAR  ICNSYD     1  582IAE
  3 PARK/DAEHAK MR               TG 659  V  20JUL  ICNBKK     2  57DTWX
  4 PARK/DAEHAK MS               KE 175  Y  10APR  ICNHKG     1  583FA3
```

① 예약된 첫 번째 여정 항공편명

② 예약된 첫 번째 여정 Booking Class

③ 예약된 첫 번째 여정 출발일

④ 예약된 첫 번째 여정 출발지/도착지

⑤ 예약된 승객 수

⑥ PNR Address

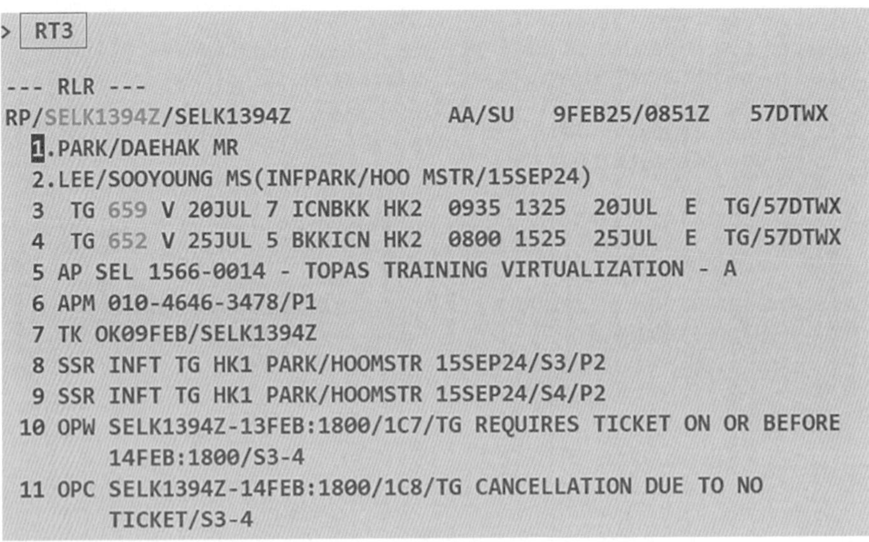

```
> RT3

--- RLR ---
RP/SELK1394Z/SELK1394Z            AA/SU    9FEB25/0851Z    57DTWX
  1.PARK/DAEHAK MR
  2.LEE/SOOYOUNG MS(INFPARK/HOO MSTR/15SEP24)
  3  TG 659 V 20JUL 7 ICNBKK HK2  0935 1325  20JUL  E  TG/57DTWX
  4  TG 652 V 25JUL 5 BKKICN HK2  0800 1525  25JUL  E  TG/57DTWX
  5 AP SEL 1566-0014 - TOPAS TRAINING VIRTUALIZATION - A
  6 APM 010-4646-3478/P1
  7 TK OK09FEB/SELK1394Z
  8 SSR INFT TG HK1 PARK/HOOMSTR 15SEP24/S3/P2
  9 SSR INFT TG HK1 PARK/HOOMSTR 15SEP24/S4/P2
 10 OPW SELK1394Z-13FEB:1800/1C7/TG REQUIRES TICKET ON OR BEFORE
        14FEB:1800/S3-4
 11 OPC SELK1394Z-14FEB:1800/1C8/TG CANCELLATION DUE TO NO
        TICKET/S3-4
```

▶ 승객 성+Initial 이용 조회 : 승객의 전체 성명을 모르는 경우

지시어	RT/PARK/D → RT3

```
RT/PARK/D
  1 PARK/DAEHAK MR          KE  621  E  10MAR  ICNMNL   1 582MUG
  2 PARK/DAEHAK MR          KE  401  U  10MAR  ICNSYD   1 582IAE
  3 PARK/DAEHAK MR          TG  659  V  20JUL  ICNBKK   2 57DTWX
  4 PARK/DAEHAK MS          KE  175  Y  10APR  ICNHKG   1 583FA3
  5 PARK/DAEHO              AF  267  Y  13FEB  ICNCDG   2 5MPDNX
  6 PARK/DAEHO              SQ  612  H  21APR  SINICN   2 6PPA9L
  7 PARK/DAEHO MSRT         AF  267  Y  11FEB  ICNCDG   2 5MRD6P
  8 PARK/DAEHO MSTR         AF  267  Y  11FEB  ICNCDG   2 5MP7O2
  9 PARK/DAEHO MSTR         AF  267  Y  11FEB  ICNCDG   2 5MPI4O
 10 PARK/DAEHO MSTR         AF  267  Y  11FEB  ICNCDG   2 5MQ49Z
 11 PARK/DAEHO MSTR         AF  267  Y  11FEB  ICNCDG   2 5MQ4F3
```

■ 출발일 & 승객성명 이용 조회

지시어	RT/20JUL-PARK/D → RT 1

```
RT/20JUL-PARK/D
  1 PARK/DAEHAK MR          TG  659  V  20JUL  ICNBKK   2 57DTWX
  2 PARK/DAIN MS            KE  672  Y  20JUL  KULICN   3 69BSVS
*TRN*
```

```
> RT1

--- RLR ---
RP/SELK1394Z/SELK1394Z            AA/SU   9FEB25/0851Z   57DTWX
  1.PARK/DAEHAK MR
  2.LEE/SOOYOUNG MS(INFPARK/HOO MSTR/15SEP24)
  3  TG 659 V 20JUL 7 ICNBKK HK2  0935 1325  20JUL  E  TG/57DTWX
  4  TG 652 V 25JUL 5 BKKICN HK2  0800 1525  25JUL  E  TG/57DTWX
  5 AP SEL 1566-0014 - TOPAS TRAINING VIRTUALIZATION - A
  6 APM 010-4646-3478/P1
  7 TK OK09FEB/SELK1394Z
  8 SSR INFT TG HK1 PARK/HOOMSTR 15SEP24/S3/P2
  9 SSR INFT TG HK1 PARK/HOOMSTR 15SEP24/S4/P2
```

■ 편명, 출발일, 승객성명 이용 조회

지시어	RTTG659/20JUL-PARK/DAEHAK

```
> RTTG659/20JUL-PARK/DAEHAK

--- RLR ---
RP/SELK1394Z/SELK1394Z            AA/SU   9FEB25/0851Z   57DTWX
  1.PARK/DAEHAK MR
  2.LEE/SOOYOUNG MS(INFPARK/HOO MSTR/15SEP24)
  3  TG 659 V 20JUL 7 ICNBKK HK2  0935 1325  20JUL  E  TG/57DTWX
  4  TG 652 V 25JUL 5 BKKICN HK2  0800 1525  25JUL  E  TG/57DTWX
  5 AP SEL 1566-0014 - TOPAS TRAINING VIRTUALIZATION - A
  6 APM 010-4646-3478/P1
  7 TK OK09FEB/SELK1394Z
  8 SSR INFT TG HK1 PARK/HOOMSTR 15SEP24/S3/P2
  9 SSR INFT TG HK1 PARK/HOOMSTR 15SEP24/S4/P2
 10 OPW SELK1394Z-13FEB:1800/1C7/TG REQUIRES TICKET ON OR BEFORE
        14FEB:1800/S3-4
 11 OPC SELK1394Z-14FEB:1800/1C8/TG CANCELLATION DUE TO NO
        TICKET/S3-4
```

2) Element 항목별 조회

PNR 조회 후 업무 성격에 맞게 각 Element 항목별 조회가 가능하다. 단 PNR을 먼저 조회해야 한다.

▶ 기준 PNR

```
 1.HAN/MINKOOK MR   2.NA/SOMANG MS(INFHAN/SARANG MISS/07JUL24)
 3.HAN/KYEOL MSTR(CHD/14FEB22)   4.KANG/HEESUN MS
 5  KE 037 E 20MAY 2 ICNORD HK4  1040 0950  20MAY  E  KE/58BLXR
 6  KE 038 E 10JUN 2 ORDICN HK4  1230 1650  11JUN  E  KE/58BLXR
 7 AP 041-557-7777 BAEKSEOK TOUR-A
 8 APM 010-340-7788/P1
 9 APM 010-8529-8880/P2
10 APM 010-6344-8780/P4
11 TK OK09FEB/SELK1394Z
12 SSR INFT KE HK1 HAN/SARANGMISS 07JUL24/S5/P2
13 SSR INFT KE HK1 HAN/SARANGMISS 07JUL24/S6/P2
14 SSR CHLD KE HK1 14FEB22/P3
15 SSR DBML KE HK1/S5/P1
16 SSR DBML KE HK1/S6/P1
17 SSR VGML KE HK1/S5/P2
18 SSR VGML KE HK1/S6/P2
19 SSR BBML KE HK1/S5/P2
20 SSR BBML KE HK1/S6/P2
21 SSR SFML KE HK1/S5/P4
22 SSR SFML KE HK1/S6/P4
23 SSR CHML KE HN1 HOT DOG/S5/P3
24 SSR CHML KE HN1 HAMBURGER/S6/P3
25 RM NOTIFY PASSENGER PRIOR TO TICKET PURCHASE & CHECK-IN:
      FEDERAL LAWS FORBID THE CARRIAGE OF HAZARDOUS MATERIALS -
      GGAMAUSHAZ/S5-6
26 RM 아기유모차 탑승 가능 여부 확인
27 RX EXCESS BAG CHRGE APPLIED
```

▶ 여정 Element 조회

지시어	RTA

```
> RTA

RP/SELK1394Z/SELK1394Z           AA/SU   9FEB25/1314Z   58BLXR
  5  KE 037 E 20MAY 2 ICNORD HK4  1040 0950  20MAY  E  KE/58BLXR
  6  KE 038 E 10JUN 2 ORDICN HK4  1230 1650  11JUN  E  KE/58BLXR
```

▶ 연락처 Element 조회

지시어	RTJ

```
> RTJ

RP/SELK1394Z/SELK1394Z            AA/SU   9FEB25/1314Z   58BLXR
  7 AP 041-557-7777 BAEKSEOK TOUR-A
  8 APM 010-340-7788/P1
  9 APM 010-8529-8880/P2
 10 APM 010-6344-8780/P4
```

▶ 승객 성명 Element 조회

지시어	RTN

```
> RTN

RP/SELK1394Z/SELK1394Z            AA/SU   9FEB25/1314Z   58BLXR
  1.HAN/MINKOOK MR   2.NA/SOMANG MS(INFHAN/SARANG MISS/07JUL24)
  3.HAN/KYEOL MSTR(CHD/14FEB22)   4.KANG/HEESUN MS
```

▶ 서비스 사항(Fact Element) 조회

지시어	RTG

```
> RTG

RP/SELK1394Z/SELK1394Z            AA/SU   9FEB25/1314Z   58BLXR
 12 SSR INFT KE HK1 HAN/SARANGMISS 07JUL24/S5/P2
 13 SSR INFT KE HK1 HAN/SARANGMISS 07JUL24/S6/P2
 14 SSR CHLD KE HK1 14FEB22/P3
 15 SSR DBML KE HK1/S5/P1
 16 SSR DBML KE HK1/S6/P1
 17 SSR VGML KE HK1/S5/P2
 18 SSR VGML KE HK1/S6/P2
 19 SSR BBML KE HK1/S5/P2
 20 SSR BBML KE HK1/S6/P2
 21 SSR SFML KE HK1/S5/P4
 22 SSR SFML KE HK1/S6/P4
 23 SSR CHML KE HN1 HOT DOG/S5/P3
 24 SSR CHML KE HN1 HAMBURGER/S6/P3
```

▶ Remarks Element 조회

지시어	RTR

```
> RTR

RP/SELK1394Z/SELK1394Z            AA/SU   9FEB25/1326Z   58BLXR
 27 RM NOTIFY PASSENGER PRIOR TO TICKET PURCHASE & CHECK-IN:
       FEDERAL LAWS FORBID THE CARRIAGE OF HAZARDOUS MATERIALS -
       GGAMAUSHAZ/S5-6
 28 RM 아기유모차 탑재 가능여부 확인
 29 RX EXCESS BAG CHRGE APPLIED
```

▶ 2개 이상 Element 조회

지시어	RTN, J	Element 결합 조회가 가능하며 (,)로 구분

```
> RTN,J

RP/SELK1394Z/SELK1394Z            AA/SU   9FEB25/1326Z   58BLXR
RTN,J
  1.HAN/MINKOOK MR   2.NA/SOMANG MS(INFHAN/SARANG MISS/07JUL24)
  3.HAN/KYEOL MSTR(CHD/14FEB22)   4.KANG/HEESUN MS
  7 AP 041-557-7777 BAEKSEOK TOUR-A
  8 APM 010-340-7788/P1
  9 APM 010-8529-8880/P2
 10 APM 010-6344-8780/P4
```

▶ 항목별 Element 조회 지시어

지시어	설명
RT	PNR 전체 Element 조회
RTA	여정만 조회
RTJ	전화번호만 조회
RTK	Ticket Arrangement 조회
RTN	승객 성명만 조회
RTO	OPW, OPC(발권 시한) 조회
RTR	Remarks 조회
RTW	Group PNR의 여정과 성명 조회
RTG	SK, SR, OS(Fact Element) 조회
RTF	Fare Element 조회
RTTN	항공권 번호 조회

③ PNR LIST 검색

특정 날짜와 특정 비행편을 지정하여 해당 여행사에서 작성한 모든 PNR을 검색할 수 있다.

지시어	LPTG659/20JUL → LP3

```
> LP/TG659/20JUL

**PASSENGER NAME LIST**
LP/TG659/20JUL                     ①      ②  ③   ④
ICNBKK
001  01OH/HAEUN MS             58F3DV  Y  HK  09FEB  SELK1394Z
002  02LEE/SOOYOUNG MS         57DTWX  V  HK  09FEB  SELK1394Z
003  02PARK/DAEHAK MR          57DTWX  V  HK  09FEB  SELK1394Z
004  01KANG/HODONG MR          58EX3L  L  HK  09FEB  SELK1394Z
END OF DISPLAY
```

① PNR Address

② 예약된 Booking Class

③ 여정 예약 상태(Status) : HK(확약됨), HX(확약되었던 여정 취소됨)

④ 예약 생성 날짜

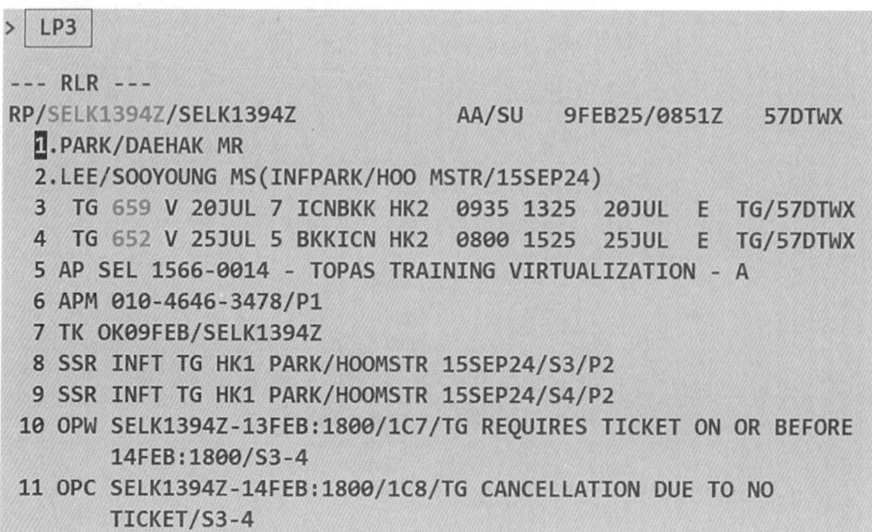

```
> LP3

--- RLR ---
RP/SELK1394Z/SELK1394Z            AA/SU   9FEB25/0851Z   57DTWX
  1.PARK/DAEHAK MR
  2.LEE/SOOYOUNG MS(INFPARK/HOO MSTR/15SEP24)
  3  TG 659 V 20JUL 7 ICNBKK HK2  0935 1325  20JUL  E  TG/57DTWX
  4  TG 652 V 25JUL 5 BKKICN HK2  0800 1525  25JUL  E  TG/57DTWX
  5 AP SEL 1566-0014 - TOPAS TRAINING VIRTUALIZATION - A
  6 APM 010-4646-3478/P1
  7 TK OK09FEB/SELK1394Z
  8 SSR INFT TG HK1 PARK/HOOMSTR 15SEP24/S3/P2
  9 SSR INFT TG HK1 PARK/HOOMSTR 15SEP24/S4/P2
 10 OPW SELK1394Z-13FEB:1800/1C7/TG REQUIRES TICKET ON OR BEFORE
        14FEB:1800/S3-4
 11 OPC SELK1394Z-14FEB:1800/1C8/TG CANCELLATION DUE TO NO
        TICKET/S3-4
```

④ PNR 판독

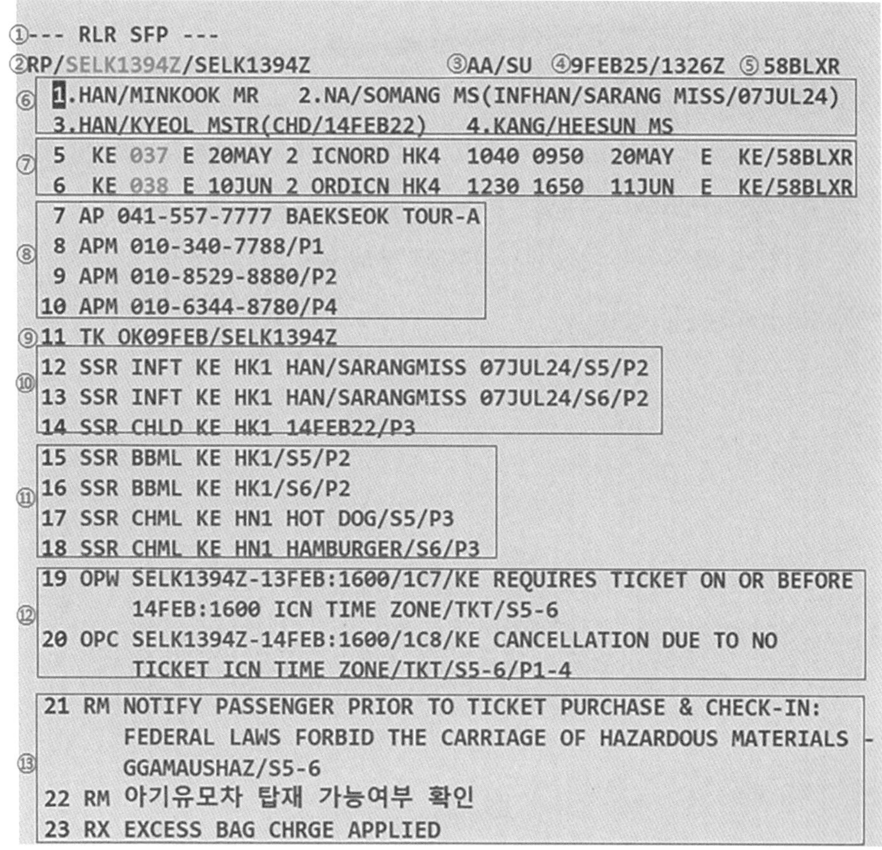

```
①--- RLR SFP ---
②RP/SELK1394Z/SELK1394Z            ③AA/SU  ④9FEB25/1326Z  ⑤58BLXR
⑥ 1.HAN/MINKOOK MR   2.NA/SOMANG MS(INFHAN/SARANG MISS/07JUL24)
  3.HAN/KYEOL MSTR(CHD/14FEB22)   4.KANG/HEESUN MS
⑦ 5  KE 037 E 20MAY 2 ICNORD HK4  1040 0950  20MAY  E  KE/58BLXR
  6  KE 038 E 10JUN 2 ORDICN HK4  1230 1650  11JUN  E  KE/58BLXR
⑧ 7 AP 041-557-7777 BAEKSEOK TOUR-A
  8 APM 010-340-7788/P1
  9 APM 010-8529-8880/P2
 10 APM 010-6344-8780/P4
⑨11 TK OK09FEB/SELK1394Z
⑩12 SSR INFT KE HK1 HAN/SARANGMISS 07JUL24/S5/P2
 13 SSR INFT KE HK1 HAN/SARANGMISS 07JUL24/S6/P2
 14 SSR CHLD KE HK1 14FEB22/P3
⑪15 SSR BBML KE HK1/S5/P2
 16 SSR BBML KE HK1/S6/P2
 17 SSR CHML KE HN1 HOT DOG/S5/P3
 18 SSR CHML KE HN1 HAMBURGER/S6/P3
⑫19 OPW SELK1394Z-13FEB:1600/1C7/KE REQUIRES TICKET ON OR BEFORE
        14FEB:1600 ICN TIME ZONE/TKT/S5-6
 20 OPC SELK1394Z-14FEB:1600/1C8/KE CANCELLATION DUE TO NO
        TICKET ICN TIME ZONE/TKT/S5-6/P1-4
⑬21 RM NOTIFY PASSENGER PRIOR TO TICKET PURCHASE & CHECK-IN:
       FEDERAL LAWS FORBID THE CARRIAGE OF HAZARDOUS MATERIALS -
       GGAMAUSHAZ/S5-6
 22 RM 아기유모차 탑재 가능여부 확인
 23 RX EXCESS BAG CHRGE APPLIED
```

① PNR Header(RLR : Record Locator Return)

② 예약을 작성한 여행사의 Office ID

③ 예약을 작성한 Agent ID/Duty Sign

④ 예약 작성 또는 최종 업데이트한 날짜 및 시간

⑤ PNR Address : 예약번호

⑥ Name Element

⑦ Itinerary Element

⑧ Address & Phone Element

⑨ Ticket Arragement : TKOK → 즉시 발권할 PNR인 경우 표시되며 자동 입력된다.

⑩ SSR Element 중 유/소아 생년월일 Data

⑪ SSR Element 중 Special Meal 요청 사항

⑫ OPW(Optional Warning Element), OPC(Optional Cancellation Element) : KE 항공 예약의 경우 발권시한과 예약 취소 경고 Element

※ 일부 항공사의 경우에는 SSR을 통해 발권시한이 전송된다.

⑬ Remarks Element

예약기록(PNR)의 완료 및 조회 지시어 정리

1) PNR 완료 및 저장(End Of Transaction) 지시어

지시어	설명
ET	PNR 저장 후 작업 종료
ER	PNR 저장 후 PNR 재 조회
ETK/ERK	PNR Status 자동 정리 후 저장

2) PNR 작업 취소(Ignore Transaction) 지시어

지시어	설명
IG	새로 진행 중인 PNR 작업 취소 후 종료
IR	새로 진행 중인 내용 취소 후 PNR 재 조회

3) PNR 조회 지시어

지시어	설명
RT5777-6666 또는 RTQ7GPJS	PNR 번호 이용 조회
RT/SONG/JOONGGI → RT 5	승객 성명 이용 조회
RT/25DEC-SONG → RT 1	출발일 & 승객성명 이용 조회
RTSU251/10DEC-SONG/KANGHO	편명, 출발일, 승객성명 이용 조회

4) Element 항목별 조회

지시어	설명
RTA	여정 Element 조회
RTJ	연락처 Element 조회
RTN	승객 성명 Element 조회
RTG	서비스 사항(Fact Element) 조회
RTR	Remarks Element 조회
RTN, J	승객 성명, 연락처 Element 동시 조회

5) PNR LIST 검색

지시어	설명
LPAC064/31AUG → LP 2	8월 31일 AC064편에 해당 여행사에서 예약한 승객 List 조회

실전문제

1 PNR 번호를 모르는 경우, 출발일(07JUL)과 승객의 성(PARK)만으로 PNR을 조회할 수 있는 Entry를 기재하시오.

2 다음 PNR에 대한 설명으로 옳은 것을 고르시오.

```
--- RLR SFP ---
RP/SELK1394Z/SELK1394Z            AA/SU   9FEB25/1550Z   58TM9D
  1.LEE/BOKJEE MS   2.SONG/DAEBAK MR
  3  KE 035 Q 10APR 4 ICNATL HL2  0920 1010  10APR  E  KE/58TM9D
  4  KE5036 Q 27APR 7 ATLICN HK2  2310 0400  29APR  E  KE/58TM9D
     OPERATED BY DELTA AIR LINES
  5 AP SEL 1566-0014 - TOPAS TRAINING VIRTUALIZATION - A
  6 APM 010-4114-7836/P1
  7 TK OK09FEB/SELK1394Z
  8 SSR DBML KE HN1/S4/P1
  9 OPW SELK1394Z-12FEB:1600/1C7/KE REQUIRES TICKET ON OR BEFORE
        13FEB:1600 ICN TIME ZONE/TKT/S4
 10 OPC SELK1394Z-13FEB:1600/1C8/KE CANCELLATION DUE TO NO
        TICKET ICN TIME ZONE/TKT/S4/P1-2
 11 RM NOTIFY PASSENGER PRIOR TO TICKET PURCHASE & CHECK-IN:
       FEDERAL LAWS FORBID THE CARRIAGE OF HAZARDOUS MATERIALS -
       GGAMAUSHAZ/S3-4
```

① 발권 시한은 2월 12일 16:00로 이 시점까지 발권을 하지 않으면 여정이 자동 취소된다.

② 승객이 실제로 탑승하는 항공사는 모두 KE항공이다.

③ 왕복 전 여정의 좌석이 확약되었다.

④ 1번 승객은 애틀랜타-인천 구간에만 특별식인 당뇨식을 신청하였다.

3 다음 PNR의 응답 코드(TK, UN)을 상태코드로 자동 정리 후 PNR을 재조회하는 간편 Entry를 기재하시오.

```
3  AC 064 T 07SEP 6 ICNYVR HK2  1525 0915  07SEP  E  AC/PY4SGA
4  AC 206 T 09SEP 1 YVRYYC TK2  0900 1126  09SEP  E  AC/PY4SGA
5  AC 322 T 10SEP 2 YYCYUL TK2  1840 0039  11SEP  E  AC/PY4SGA
6  ARNK
7  AC 316 T 11SEP 3 YYCYUL UN2  0615 1216  11SEP  E  AC/PY4SGA
8  AC 061 K 15SEP 7 YYZICN TK2  1335 1620  16SEP  E  AC/PY4SGA
```

4 다음 PNR조회 Entry중 틀린 것을 고르시오

① RT4114-7836
② RT/10DEC-PARK
③ RTLEE/DAEBAK
④ RTAC061/10SEP-SONG/KANGHO

5 PNR을 Element 항목별로 조회 시 Entry와 설명으로 틀린 것을 고르시오.

① RTR : Remarks Element 조회
② RTI : 여정 Element 조회
③ RTN :승객 성명 Element 조회
④ RTN, J : 승객 성명, 연락처 Element 동시 조회

6 5월 20일 KE651 항공편에 해당 여행사에서 예약한 승객 List를 조회하는 Entry를 기재하시오.

7 새로 진행 중인 내용 취소 후 PNR을 재 조회하는 Entry를 기재하시오.

제5장

PNR 작성의 확장

1 예약 기록(PNR) 분리(Split)

1) PNR Split의 정의

완성된 PNR에서 전체가 아닌 일부 구성원의 여정이 추가, 취소, 변경되는 경우에는 변경되는 구성원의 PNR만 따로 분리해서 처리해야 한다. 이때 원래의 PNR에서 변경되는 구성원의 PNR을 분리해서 별도의 PNR로 저장하는 작업을 Split이라고 한다.

2) PNR Split의 특성

- Split 시 지정 승객에게 연결(Relation)되어 있는 연락처 Element나 서비스 Element는 해당되는 승객의 PNR을 따라 저장된다.
- PNR을 Split하게 되면 기존의 PNR에서 분리된 새로운 PNR이 생성되는데, 이때 기존의 PNR을 Parent PNR이라고 하고 새로 생성된 PNR을 Associate PNR이라고 한다.
- PNR Split(분리) 과정에서도 여정 추가, 취소, 변경을 할 수 있고, Split(분리) 및 저장 후 Associate PNR을 재조회해서 여정 추가, 취소, 변경을 할 수 있다.
- PNR Split(분리) 및 저장 후 분리된 양쪽 PNR의 Header에는 ---AXR RLR--- 이 생성되며 RTAXR 지시어로 AXR(Associated Cross Reference) PNR 확인이 가능하다.

3) PNR Split 지시어

지시어	PNR 조회 → SP2 → EF → EF → ET → ET	
설명	SP2	2번 승객 분리(Split) 기본 지시어
	EF → EF	분리된 Associate PNR 저장
	ET → ET	Parent PNR 저장

※ PNR 분리(Split) 기본 지시어 형식

SP1	1번 승객 분리(Split)
SP1-2	여러 명의 승객 중에서 1-2번 승객 분리
SP1, 3-5	여러 명의 승객 중에서 1번, 3-5번 승객 분리

(1) PNR Split 실행

■ 기준 PNR

```
--- RLR ---
RP/SELK1394Z/SELK1394Z            AA/SU   9FEB25/1600Z    58WFRD
  1.KIM/DABOK MS    2.LEE/HWAPYUNG MR
  3  KE 663 Y 20NOV 4 ICNHKT HK2  1740 2220  20NOV  E  KE/58WFRD
  4  KE 664 Y 30NOV 7 HKTICN HK2  2340 0725  01DEC  E  KE/58WFRD
  5 AP SEL 1566-0014 - TOPAS TRAINING VIRTUALIZATION - A
  6 APM 010-5431-7836/P1
  7 APM 010-3366-7836/P2
  8 TK OK09FEB/SELK1394Z
  9 SSR SFML KE HK1/S3/P1
 10 SSR SFML KE HK1/S4/P1
 11 SSR VGML KE HK1/S3/P2
 12 SSR VGML KE HK1/S4/P2
 13 OPW SELK1394Z-13FEB:1600/1C7/KE REQUIRES TICKET ON OR BEFORE
        15FEB:1600 ICN TIME ZONE/TKT/S3-4
 14 OPC SELK1394Z-15FEB:1600/1C8/KE CANCELLATION DUE TO NO
        TICKET ICN TIME ZONE/TKT/S3-4/P1-2
```

【사례】 상기 예약에서 2번 승객 LEE/HWAPYUNG씨가 돌아오는 복편 여정에 대해 11월 27일로 변경을 원하는 경우

■ PNR Split(분리) 하기

지시어	SP2

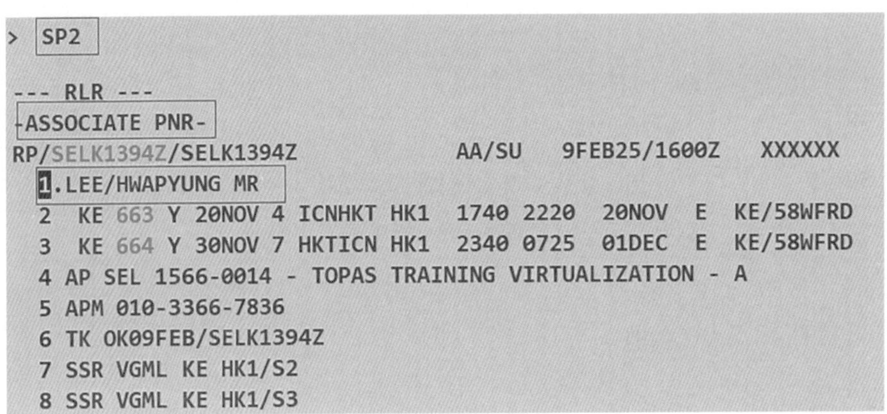

```
> SP2

--- RLR ---
-ASSOCIATE PNR-
RP/SELK1394Z/SELK1394Z            AA/SU   9FEB25/1600Z   XXXXXX
  1.LEE/HWAPYUNG MR
  2  KE 663 Y 20NOV 4 ICNHKT HK1  1740 2220  20NOV  E  KE/58WFRD
  3  KE 664 Y 30NOV 7 HKTICN HK1  2340 0725  01DEC  E  KE/58WFRD
  4 AP SEL 1566-0014 - TOPAS TRAINING VIRTUALIZATION - A
  5 APM 010-3366-7836
  6 TK OK09FEB/SELK1394Z
  7 SSR VGML KE HK1/S2
  8 SSR VGML KE HK1/S3
```

지시어	EF → EF

```
> EF

WARNING: MISSING SSR CTCM MOBILE OR SSR CTCE EMAIL OR SSR CTCR NON-CONSENT
         FOR KE
*TRN*

> EF

--- RLR ---
-PARENT PNR-
RP/SELK1394Z/SELK1394Z            AA/SU   9FEB25/1600Z   58WFRD
  1.KIM/DABOK MS
  2  KE 663 Y 20NOV 4 ICNHKT HK1  1740 2220  20NOV  E  KE/58WFRD
  3  KE 664 Y 30NOV 7 HKTICN HK1  2340 0725  01DEC  E  KE/58WFRD
  4 AP SEL 1566-0014 - TOPAS TRAINING VIRTUALIZATION - A
  5 APM 010-5431-7836
  6 TK OK09FEB/SELK1394Z
  7 SSR SFML KE HK1/S2
  8 SSR SFML KE HK1/S3
```

지시어	ET → ET

```
--- RLR ---
-PARENT PNR-
RP/SELK1394Z/SELK1394Z            AA/SU   9FEB25/1600Z   58WFRD
  1.KIM/DABOK MS
  2  KE 663 Y 20NOV 4 ICNHKT HK1  1740 2220  20NOV  E  KE/58WFRD
  3  KE 664 Y 30NOV 7 HKTICN HK1  2340 0725  01DEC  E  KE/58WFRD
  4 AP SEL 1566-0014 - TOPAS TRAINING VIRTUALIZATION - A
  5 APM 010-5431-7836
  6 TK OK09FEB/SELK1394Z
  7 SSR SFML KE HK1/S2
  8 SSR SFML KE HK1/S3
  * SP 09FEB/AASU/SELK1394Z-58VSQK
*TRN*
> ET

WARNING: MISSING SSR CTCM MOBILE OR SSR CTCE EMAIL OR SSR CTCR NON-CONSENT
         FOR KE
*TRN*                                   Parent PNR      Associate PNR
> ET

END OF TRANSACTION COMPLETE - 58WFRD SP-58VSQK
```

■ 분리된 PNR 변경하기

지시어	RT 58VSQK

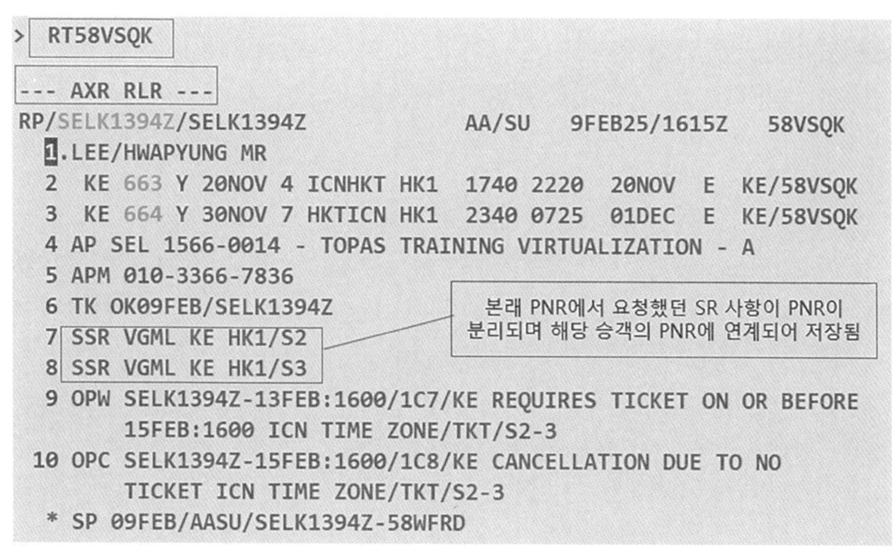

```
> RT58VSQK
--- AXR RLR ---
RP/SELK1394Z/SELK1394Z            AA/SU   9FEB25/1615Z   58VSQK
  1.LEE/HWAPYUNG MR
  2  KE 663 Y 20NOV 4 ICNHKT HK1  1740 2220  20NOV  E  KE/58VSQK
  3  KE 664 Y 30NOV 7 HKTICN HK1  2340 0725  01DEC  E  KE/58VSQK
  4 AP SEL 1566-0014 - TOPAS TRAINING VIRTUALIZATION - A
  5 APM 010-3366-7836
  6 TK OK09FEB/SELK1394Z
  7 SSR VGML KE HK1/S2
  8 SSR VGML KE HK1/S3
  9 OPW SELK1394Z-13FEB:1600/1C7/KE REQUIRES TICKET ON OR BEFORE
       15FEB:1600 ICN TIME ZONE/TKT/S2-3
 10 OPC SELK1394Z-15FEB:1600/1C8/KE CANCELLATION DUE TO NO
       TICKET ICN TIME ZONE/TKT/S2-3
  * SP 09FEB/AASU/SELK1394Z-58WFRD
```

본래 PNR에서 요청했던 SR 사항이 PNR이 분리되며 해당 승객의 PNR에 연계되어 저장됨

지시어	SB 27NOV 3

```
> SB 27NOV 3

ASSOCIATED SSR REMOVED - ALL SSR REBOOKED
--- AXR RLR ---
RP/SELK1394Z/SELK1394Z            AA/SU   9FEB25/1615Z   58VSQK
  1.LEE/HWAPYUNG MR
  2  KE 663 Y 20NOV 4 ICNHKT HK1  1740 2220  20NOV  E  KE/58VSQK
  3  KE 664 Y 27NOV 4 HKTICN DK1  2340 0725  28NOV  E  0 333 B
     SEE RTSVC
  4 AP SEL 1566-0014 - TOPAS TRAINING VIRTUALIZATION - A
  5 APM 010-3366-7836
  6 TK OK09FEB/SELK1394Z
  7 SSR VGML KE HK1/S2
  8 SSR VGML KE HK1/S3
  * SP 09FEB/AASU/SELK1394Z-58WFRD
```

지시어	ET → ET

```
> ET

WARNING: MISSING SSR CTCM MOBILE OR SSR CTCE EMAIL OR SSR CTCR NON-CONSENT
         FOR KE
*TRN*
> ET

END OF TRANSACTION COMPLETE - 58VSQK
```

■ Split PNR 확인하기

지시어	RT 58VSQK

```
> RT58VSQK

--- AXR RLR ---
RP/SELK1394Z/SELK1394Z           AA/SU   9FEB25/1700Z   58VSQK
  1.LEE/HWAPYUNG MR
  2  KE 663 Y 20NOV 4 ICNHKT HK1  1740 2220  20NOV  E  KE/58VSQK
  3  KE 664 Y 27NOV 4 HKTICN HK1  2340 0725  28NOV  E  KE/58VSQK
  4 AP SEL 1566-0014 - TOPAS TRAINING VIRTUALIZATION - A
  5 APM 010-3366-7836
  6 TK OK09FEB/SELK1394Z
  7 SSR VGML KE HK1/S2
  8 SSR VGML KE HK1/S3
  9 OPW SELK1394Z-13FEB:1600/1C7/KE REQUIRES TICKET ON OR BEFORE
        15FEB:1600 ICN TIME ZONE/TKT/S2-3
 10 OPC SELK1394Z-15FEB:1600/1C8/KE CANCELLATION DUE TO NO
        TICKET ICN TIME ZONE/TKT/S2-3
  * SP 09FEB/AASU/SELK1394Z-58WFRD
```

지시어	RTAXR

```
> RTAXR

  AXR FOR PNR:                              58VSQK    10FEB 0204
  1.KIM/DABOK MS  1     58WFRD  ←  연결된 Parent PNR
  2.LEE/HWAPYUNG- 1       *     ←  현재 Display 되어 있는 PNR
```

지시어	RT 1

```
> RT1

--- AXR RLR ---
RP/SELK1394Z/SELK1394Z            AA/SU   9FEB25/1615Z   58WFRD
  1.KIM/DABOK MS
  2  KE 663 Y 20NOV 4 ICNHKT HK1  1740 2220  20NOV  E  KE/58WFRD
  3  KE 664 Y 30NOV 7 HKTICN HK1  2340 0725  01DEC  E  KE/58WFRD
  4 AP SEL 1566-0014 - TOPAS TRAINING VIRTUALIZATION - A
  5 APM 010-5431-7836
  6 TK OK09FEB/SELK1394Z
  7 SSR SFML KE HK1/S2
  8 SSR SFML KE HK1/S3
  9 OPW SELK1394Z-13FEB:1600/1C7/KE REQUIRES TICKET ON OR BEFORE
        15FEB:1600 ICN TIME ZONE/TKT/S2-3
 10 OPC SELK1394Z-15FEB:1600/1C8/KE CANCELLATION DUE TO NO
        TICKET ICN TIME ZONE/TKT/S2-3
  * SP 09FEB/AASU/SELK1394Z-58VSQK
```

② Copying PNRs

1) PNR Copy

이미 작성된 PNR Data(성명, 여정, 연락처, 서비스 사항 등)를 전체 또는 부분적으로 Copy 하여 새로운 PNR 작성 시 활용하는 편리한 기능이다.

2) Data 별 Copying

■ 기준 PNR

```
--- RLR ---
RP/SELK1394Z/SELK1394Z            AA/SU   9FEB25/1728Z   5970IJ
  1.JOO/AYOUNG MS
  2  KE 643 Y 11OCT 6 ICNSIN HK1  1445 1955  11OCT  E  KE/5970IJ
  3  KE 648 Y 17OCT 5 SINICN HK1  1050 1835  17OCT  E  KE/5970IJ
  4 AP SEL 1566-0014 - TOPAS TRAINING VIRTUALIZATION - A
  5 APE AYOUNG@NAVER.COM
  6 APM 010-3111-9116
  7 TK OK09FEB/SELK1394Z
  8 OPW SELK1394Z-13FEB:1600/1C7/KE REQUIRES TICKET ON OR BEFORE
       15FEB:1600 ICN TIME ZONE/TKT/S2-3
  9 OPC SELK1394Z-15FEB:1600/1C8/KE CANCELLATION DUE TO NO
       TICKET ICN TIME ZONE/TKT/S2-3
```

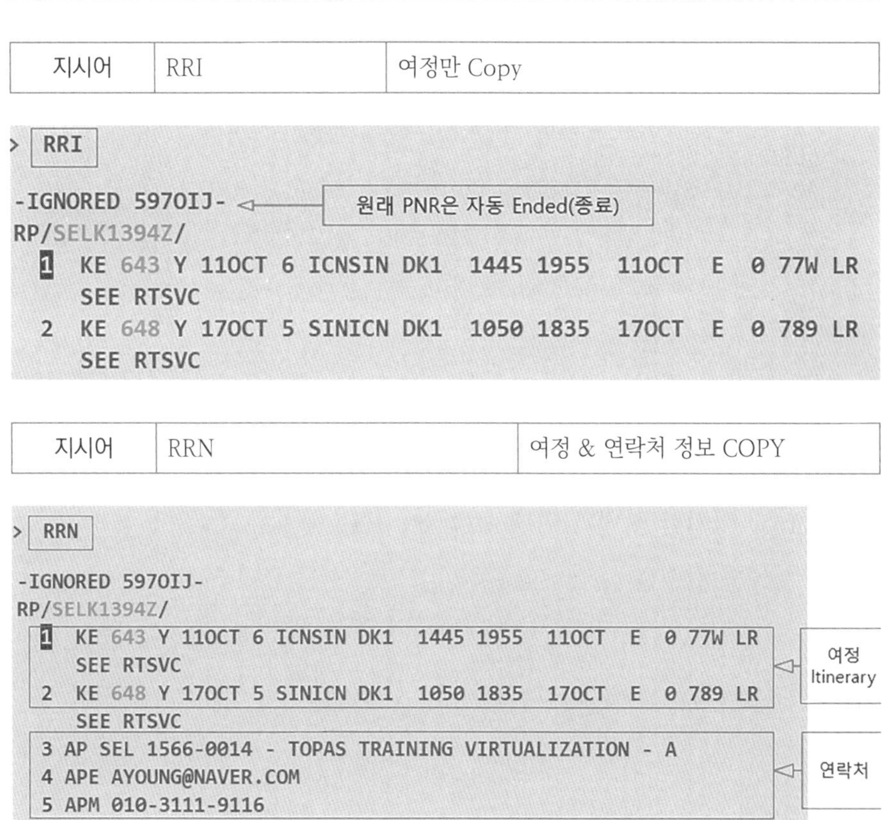

지시어	RRI	여정만 Copy

```
> RRI

-IGNORED 5970IJ-
RP/SELK1394Z/
  1  KE 643 Y 11OCT 6 ICNSIN DK1  1445 1955  11OCT  E  0 77W LR
     SEE RTSVC
  2  KE 648 Y 17OCT 5 SINICN DK1  1050 1835  17OCT  E  0 789 LR
     SEE RTSVC
```


지시어	RRN	여정 & 연락처 정보 COPY

```
> RRN

-IGNORED 5970IJ-
RP/SELK1394Z/
  1  KE 643 Y 11OCT 6 ICNSIN DK1  1445 1955  11OCT  E  0 77W LR
     SEE RTSVC
  2  KE 648 Y 17OCT 5 SINICN DK1  1050 1835  17OCT  E  0 789 LR
     SEE RTSVC
  3 AP SEL 1566-0014 - TOPAS TRAINING VIRTUALIZATION - A
  4 APE AYOUNG@NAVER.COM
  5 APM 010-3111-9116
```

지시어	RRP	성명 & 연락처 정보 Copy

```
> RRP

-IGNORED 5970IJ-
RP/SELK1394Z/
  1.JOO/AYOUNG MS
  2 AP SEL 1566-0014 - TOPAS TRAINING VIRTUALIZATION - A
  3 APE AYOUNG@NAVER.COM
  4 APM 010-3111-9116
```

지시어	RRA	여정 & 연락처 정보 and 본래 PNR과 새로운 PNR 간의 AXR Record 생성

```
> RRA

-IGNORED 5970IJ-
RP/SELK1394Z/
  1  KE 643 Y 11OCT 6 ICNSIN DK1  1445 1955  11OCT  E  0 77W LR
     SEE RTSVC
  2  KE 648 Y 17OCT 5 SINICN DK1  1050 1835  17OCT  E  0 789 LR
     SEE RTSVC
  3 AP SEL 1566-0014 - TOPAS TRAINING VIRTUALIZATION - A
  4 APE AYOUNG@NAVER.COM
  5 APM 010-3111-9116
  * RR 09FEB/AASU/SELK1394Z-5970IJ
    ①  ②        ③           ④
```

AXR(Associated Cross Reference) Record

① RR : Copy PNR임을 나타냄

② Copy 실행 날짜

③ Copy 작업한 직원과 여행사 Office ID

④ Copy를 진행한 Original PNR

3) PNR Copy Option 사례

■ 기준 PNR

```
--- RLR ---
RP/SELK1394Z/SELK1394Z              AA/SU   9FEB25/1807Z   59CJ4G
  1.SONG/MANGOOK MR   2.HAN/YUJIN MS   3.KIM/MINHOO MR
  4.LEE/SORA MS   5.GONG/YUCHANG MR
  6  KE 901 Y 10JUN 2 ICNCDG HK5  1110 1830  10JUN  E  KE/59CJ4G
  7  KE 902 Y 20JUN 5 CDGICN HK5  2100 1555  21JUN  E  KE/59CJ4G
  8 AP 032-435-5678 TOTO TOUR-A
  9 APM 010-8890-7836/P2
 10 APM 010-4114-0898/P3
 11 APM 010-5440-1567/P1
 12 APM 010-4538-3370/P4
 13 APM 010-3695-8549/P5
 14 TK OK09FEB/SELK1394Z
 15 OPW SELK1394Z-13FEB:1600/1C7/KE REQUIRES TICKET ON OR BEFORE
        15FEB:1600 ICN TIME ZONE/TKT/S6-7
 16 OPC SELK1394Z-15FEB:1600/1C8/KE CANCELLATION DUE TO NO
        TICKET ICN TIME ZONE/TKT/S6-7/P1-5
```

【사례 1】 지정 승객 PNR Copy

지시어	RRN/ P1,3	1,3번 승객 PNR Copy

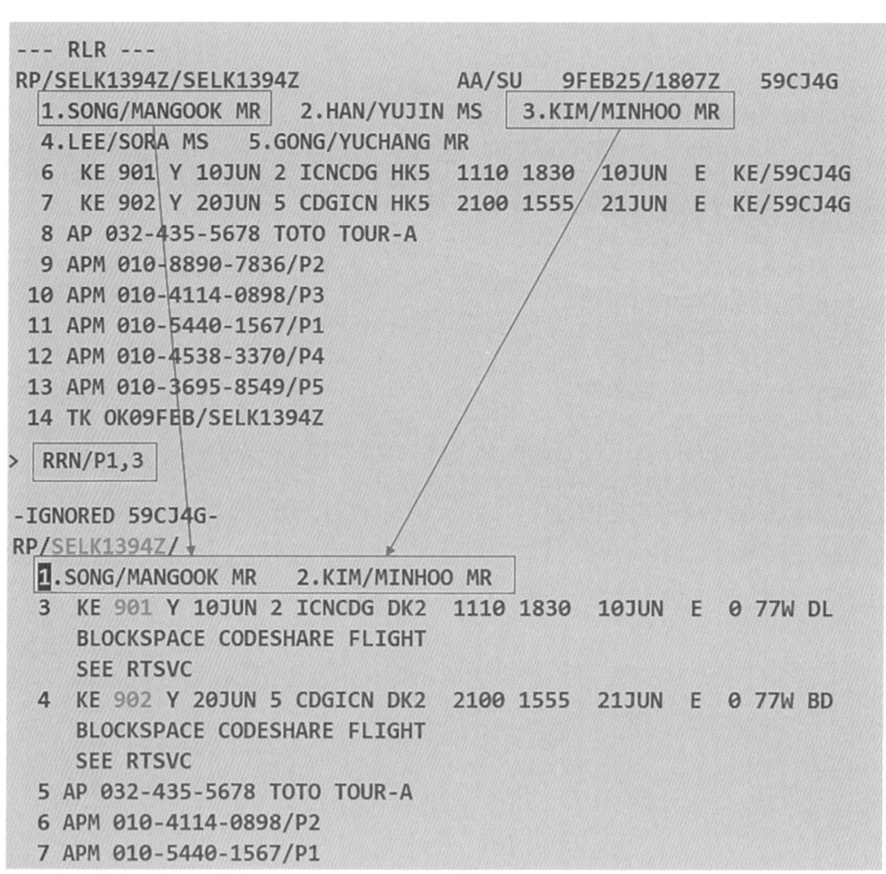

```
--- RLR ---
RP/SELK1394Z/SELK1394Z              AA/SU   9FEB25/1807Z   59CJ4G
  1.SONG/MANGOOK MR   2.HAN/YUJIN MS   3.KIM/MINHOO MR
  4.LEE/SORA MS    5.GONG/YUCHANG MR
  6  KE 901 Y 10JUN 2 ICNCDG HK5  1110 1830  10JUN  E  KE/59CJ4G
  7  KE 902 Y 20JUN 5 CDGICN HK5  2100 1555  21JUN  E  KE/59CJ4G
  8 AP 032-435-5678 TOTO TOUR-A
  9 APM 010-8890-7836/P2
 10 APM 010-4114-0898/P3
 11 APM 010-5440-1567/P1
 12 APM 010-4538-3370/P4
 13 APM 010-3695-8549/P5
 14 TK OK09FEB/SELK1394Z
> RRN/P1,3

-IGNORED 59CJ4G-
RP/SELK1394Z/
  1.SONG/MANGOOK MR   2.KIM/MINHOO MR
  3  KE 901 Y 10JUN 2 ICNCDG DK2  1110 1830  10JUN  E  0 77W DL
     BLOCKSPACE CODESHARE FLIGHT
     SEE RTSVC
  4  KE 902 Y 20JUN 5 CDGICN DK2  2100 1555  21JUN  E  0 77W BD
     BLOCKSPACE CODESHARE FLIGHT
     SEE RTSVC
  5 AP 032-435-5678 TOTO TOUR-A
  6 APM 010-4114-0898/P2
  7 APM 010-5440-1567/P1
```

【 사례 2 】 좌석 수를 변경하여 PNR Copy

지시어	RRI/3	좌석 수를 3개로 변경하여 여정 Copy

```
--- RLR ---
RP/SELK1394Z/SELK1394Z            AA/SU   9FEB25/1807Z   59CJ4G
  1.SONG/MANGOOK MR   2.HAN/YUJIN MS   3.KIM/MINHOO MR
  4.LEE/SORA MS   5.GONG/YUCHANG MR
  6  KE 901 Y 10JUN 2 ICNCDG HK5  1110 1830  10JUN  E  KE/59CJ4G
  7  KE 902 Y 20JUN 5 CDGICN HK5  2100 1555  21JUN  E  KE/59CJ4G
  8 AP 032-435-5678 TOTO TOUR-A
  9 APM 010-8890-7836/P2
 10 APM 010-4114-0898/P3
 11 APM 010-5440-1567/P1
 12 APM 010-4538-3370/P4
 13 APM 010-3695-8549/P5
 14 TK OK09FEB/SELK1394Z
> RRI/3

-IGNORED 59CJ4G-
RP/SELK1394Z/
  1  KE 901 Y 10JUN 2 ICNCDG DK3  1110 1830  10JUN  E  0 77W DL
     BLOCKSPACE CODESHARE FLIGHT
     SEE RTSVC
  2  KE 902 Y 20JUN 5 CDGICN DK3  2100 1555  21JUN  E  0 77W BD
     BLOCKSPACE CODESHARE FLIGHT
     SEE RTSVC
```

【 사례 3 】 Booking Class를 변경하여 PNR Copy

지시어	RRN/CM	Booking Class를 M으로 변경하여 여정 Copy
설명	CM	C : Class,　M : Booing Class M Class

```
--- RLR ---
RP/SELK1394Z/SELK1394Z            AA/SU   9FEB25/1807Z   59CJ4G
  1.SONG/MANGOOK MR   2.HAN/YUJIN MS   3.KIM/MINHOO MR
  4.LEE/SORA MS   5.GONG/YUCHANG MR
  6  KE 901 Y 10JUN 2 ICNCDG HK5  1110 1830  10JUN  E  KE/59CJ4G
  7  KE 902 Y 20JUN 5 CDGICN HK5  2100 1555  21JUN  E  KE/59CJ4G
  8 AP 032-435-5678 TOTO TOUR-A
  9 APM 010-8890-7836/P2
 10 APM 010-4114-0898/P3
 11 APM 010-5440-1567/P1
 12 APM 010-4538-3370/P4
 13 APM 010-3695-8549/P5
 14 TK OK09FEB/SELK1394Z
> RRN/CM

-IGNORED 59CJ4G-
RP/SELK1394Z/
  1  KE 901 M 10JUN 2 ICNCDG DK5  1110 1830  10JUN  E  0 77W DL
     BLOCKSPACE CODESHARE FLIGHT
     SEE RTSVC
  2  KE 902 M 20JUN 5 CDGICN DK5  2100 1555  21JUN  E  0 77W BD
     BLOCKSPACE CODESHARE FLIGHT
     SEE RTSVC
  3 AP 032-435-5678 TOTO TOUR-A
```

【 사례 4 】 Segment 지정하여 PNR Copy

지시어	RRN/S6	여정 중 6번 Segment만 지정해서 PNR Copy

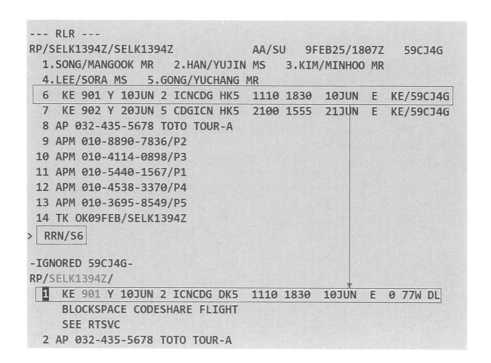

```
--- RLR ---
RP/SELK1394Z/SELK1394Z            AA/SU   9FEB25/1807Z   59CJ4G
  1.SONG/MANGOOK MR   2.HAN/YUJIN MS   3.KIM/MINHOO MR
  4.LEE/SORA MS   5.GONG/YUCHANG MR
  6  KE 901 Y 10JUN 2 ICNCDG HK5  1110 1830  10JUN  E  KE/59CJ4G
  7  KE 902 Y 20JUN 5 CDGICN HK5  2100 1555  21JUN  E  KE/59CJ4G
  8 AP 032-435-5678 TOTO TOUR-A
  9 APM 010-8890-7836/P2
 10 APM 010-4114-0898/P3
 11 APM 010-5440-1567/P1
 12 APM 010-4538-3370/P4
 13 APM 010-3695-8549/P5
 14 TK OK09FEB/SELK1394Z
> RRN/S6

-IGNORED 59CJ4G-
RP/SELK1394Z/
  1  KE 901 Y 10JUN 2 ICNCDG DK5  1110 1830  10JUN  E  0 77W DL
     BLOCKSPACE CODESHARE FLIGHT
     SEE RTSVC
  2 AP 032-435-5678 TOTO TOUR-A
```

【 사례 5 】 지정 Segment의 Booking Class를 변경하여 PNR Copy

지시어	RRN/S7CB	7번 여정의 Booking Class를 E Class로 변경하여 PNR Copy

```
--- RLR ---
RP/SELK1394Z/SELK1394Z            AA/SU   9FEB25/1807Z   59CJ4G
  1.SONG/MANGOOK MR   2.HAN/YUJIN MS   3.KIM/MINHOO MR
  4.LEE/SORA MS   5.GONG/YUCHANG MR
  6  KE 901 Y 10JUN 2 ICNCDG HK5  1110 1830  10JUN  E  KE/59CJ4G
  7  KE 902 Y 20JUN 5 CDGICN HK5  2100 1555  21JUN  E  KE/59CJ4G
  8 AP 032-435-5678 TOTO TOUR-A
  9 APM 010-8890-7836/P2
 10 APM 010-4114-0898/P3
 11 APM 010-5440-1567/P1
 12 APM 010-4538-3370/P4
 13 APM 010-3695-8549/P5
 14 TK OK09FEB/SELK1394Z
> RRN/S7CB

-IGNORED 59CJ4G-
RP/SELK1394Z/
  1  KE 901 Y 10JUN 2 ICNCDG DK5  1110 1830  10JUN  E  0 77W DL
     BLOCKSPACE CODESHARE FLIGHT
     SEE RTSVC
  2  KE 902 B 20JUN 5 CDGICN DK5  2100 1555  21JUN  E  0 77W BD
     BLOCKSPACE CODESHARE FLIGHT
     SEE RTSVC
  3 AP 032-435-5678 TOTO TOUR-A
```

【 사례 6 】 지정 Segment의 날짜를 변경하여 PNR Copy

지시어	RRN/S6D07JUN	여정 중 6번 Segment의 날짜를 6월 7일로 변경해서 PNR Copy

```
--- RLR ---
RP/SELK1394Z/SELK1394Z            AA/SU   9FEB25/1807Z   59CJ4G
  1.SONG/MANGOOK MR   2.HAN/YUJIN MS   3.KIM/MINHOO MR
  4.LEE/SORA MS   5.GONG/YUCHANG MR
  6  KE 901 Y 10JUN 2 ICNCDG HK5  1110 1830  10JUN  E  KE/59CJ4G
  7  KE 902 Y 20JUN 5 CDGICN HK5  2100 1555  21JUN  E  KE/59CJ4G
  8 AP 032-435-5678 TOTO TOUR-A
  9 APM 010-8890-7836/P2
 10 APM 010-4114-0898/P3
 11 APM 010-5440-1567/P1
 12 APM 010-4538-3370/P4
 13 APM 010-3695-8549/P5
 14 TK OK09FEB/SELK1394Z
> RRN/S6D7JUN

-IGNORED 59CJ4G-
RP/SELK1394Z/
  1  KE 901 Y 07JUN 6 ICNCDG DK5  1110 1830  07JUN  E  0 77W DL
     BLOCKSPACE CODESHARE FLIGHT
     SEE RTSVC
  2  KE 902 Y 20JUN 5 CDGICN DK5  2100 1555  21JUN  E  0 77W BD
     BLOCKSPACE CODESHARE FLIGHT
     SEE RTSVC
  3 AP 032-435-5678 TOTO TOUR-A
```

③ NHP (Non Homogeneous PNRs) 작성

1) NHP(Non Homogeneous PNRs)의 기능

PNR 작성 시 특정 구간에 대해 예약된 전체 승객이 아닌 일부 승객만 이용하는 경우 사용할 수 있는 기능으로 여정 중 일부 구간에 대해 승객의 숫자와 여정의 좌석 숫자가 불일치한 상태로 PNR을 작업할 수 있다. PNR완성 후에는 Slit의 경우와 마찬가지로 해당 승객의 PNR이 각각 별도로 분리되어 저장된다.

2) NHP(Non Homogeneous PNRs)의 특징

- PNR 작성 중에는 PNR Header에 *** NHP *** 라고 표시되며, PNR 작성 완료 후에는 각각의 PNR Header에 --- AXR RLR --- 이 표시된다.
- 'RTAXR' 지시어를 사용하여 연결된(Associated Cross Reference) PNR을 확인할 수 있다.

3) NHP(Non Homogeneous PNRs)의 작성

【사례】

승객명 : KIM/SEUNGGI MR, OH/YEONA MS 여 정 : KE643 12/1 SEL-SIN, Y CLASS KE644 12/9 SIN-SEL, Y CLASS (단, SIN-SEL은 OH/HAEUN MS 승객만 여행)

지시어	NM1KIM/SEUNGGI,MR1OH/YEONA,MS

```
> NM1KIM/SEUNGGI,MR1OH/YEONA,MS

RP/SELK1394Z/
  1.KIM/SEUNGGI MR   2.OH/YEONA MS
```

지시어	AN1DECSELSIN/AKE → SS2Y1 → ACR9DEC → SS1Y1

```
                         ***  NHP  ***
RP/SELK1394Z/
  1.KIM/SEUNGGI MR   2.OH/YEONA MS
  3  KE 643 Y 01DEC 1 ICNSIN DK2  1420 1930  01DEC  E  0 773 LR
     SEE RTSVC
  4  KE 644 Y 09DEC 2 SINICN DK1  2235 0555  10DEC  E  0 773 D
     SEE RTSVC
```

지시어	4/P2	4번 Element를 2번 승객에 연결

```
> 4/P2

                         ***  NHP  ***
RP/SELK1394Z/
  1.KIM/SEUNGGI MR   2.OH/YEONA MS
  3  KE 643 Y 01DEC 1 ICNSIN DK2  1420 1930  01DEC  E  0 773 LR
     SEE RTSVC
  4  KE 644 Y 09DEC 2 SINICN DK1  2235 0555  10DEC  E  0 773 D
     /P2
     SEE RTSVC
```

지시어	연락처 입력 지시어 → ER → ER

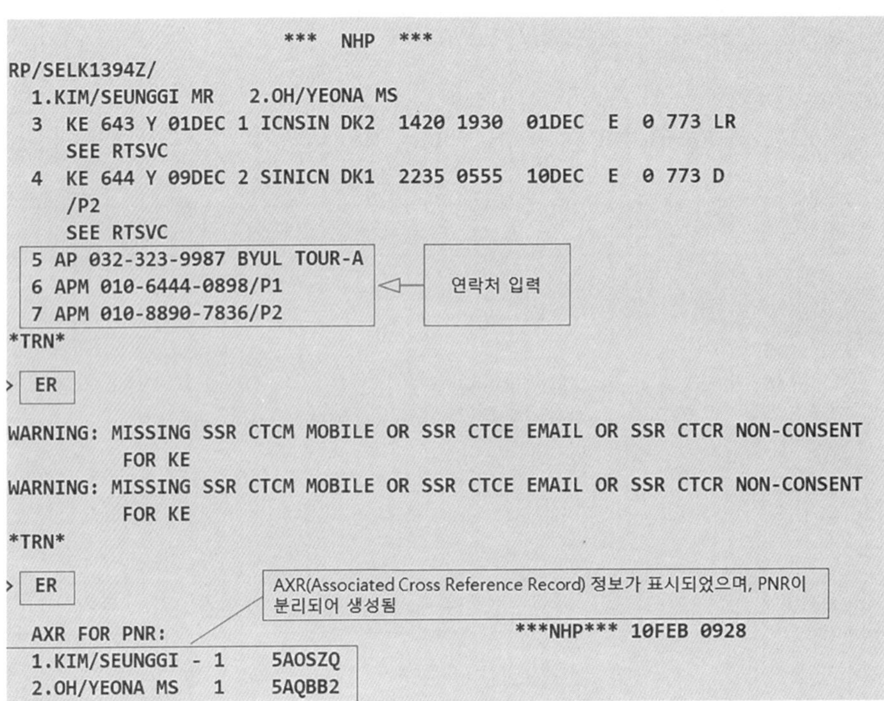

```
                        ***  NHP  ***
RP/SELK1394Z/
  1.KIM/SEUNGGI MR   2.OH/YEONA MS
  3  KE 643 Y 01DEC 1 ICNSIN DK2  1420 1930  01DEC  E  0 773 LR
     SEE RTSVC
  4  KE 644 Y 09DEC 2 SINICN DK1  2235 0555  10DEC  E  0 773 D
     /P2
     SEE RTSVC
  5 AP 032-323-9987 BYUL TOUR-A
  6 APM 010-6444-0898/P1
  7 APM 010-8890-7836/P2
*TRN*
> ER
WARNING: MISSING SSR CTCM MOBILE OR SSR CTCE EMAIL OR SSR CTCR NON-CONSENT
          FOR KE
WARNING: MISSING SSR CTCM MOBILE OR SSR CTCE EMAIL OR SSR CTCR NON-CONSENT
          FOR KE
*TRN*
> ER
  AXR FOR PNR:                                   ***NHP*** 10FEB 0928
  1.KIM/SEUNGGI - 1     5AOSZQ
  2.OH/YEONA MS   1     5AQBB2
```

연락처 입력
AXR(Associated Cross Reference Record) 정보가 표시되었으며, PNR이 분리되어 생성됨

지시어	RT2	List에서의 2번 승객 조회

```
> RT2

--- AXR RLR ---
RP/SELK1394Z/SELK1394Z              AA/SU  10FEB25/0028Z   5AQBB2
  1.OH/YEONA MS
  2  KE 643 Y 01DEC 1 ICNSIN HK1  1420 1930  01DEC  E  KE/5AQBB2
  3  KE 644 Y 09DEC 2 SINICN HK1  2235 0555  10DEC  E  KE/5AQBB2
  4 AP 032-323-9987 BYUL TOUR-A
  5 APM 010-8890-7836
  6 TK OK10FEB/SELK1394Z
  7 OPW SELK1394Z-13FEB:1600/1C7/KE REQUIRES TICKET ON OR BEFORE
        15FEB:1600 ICN TIME ZONE/TKT/S2-3
  8 OPC SELK1394Z-15FEB:1600/1C8/KE CANCELLATION DUE TO NO
        TICKET ICN TIME ZONE/TKT/S2-3
  * SP 10FEB/AASU/SELK1394Z-NHP PROC
    ①   ②       ③            ④
```

① SP : PNR이 분리(Split) 되었음을 나타냄

② 30JUL : 분리(Split)된 날짜

③ 분리(Split) 작업한 직원 Code 및 작업한 여행사 Office ID

④ NHP 작업에 따라 PNR이 분리되었음을 나타냄

지시어	RTAXR	Associaed Cross Reference PNR List 조회

```
> RTAXR

  AXR FOR PNR:                            5AOSZQ    10FEB 0938
  1.KIM/SEUNGGI - 1       *
  2.OH/YEONA MS   1    5AQBB2
```

지시어	RT1	List에서의 1번 승객 조회

```
> RT1

--- AXR RLR ---
RP/SELK1394Z/SELK1394Z            AA/SU  10FEB25/0028Z   5AOSZQ
  1.KIM/SEUNGGI MR
  2  KE 643 Y 01DEC 1 ICNSIN HK1  1420 1930  01DEC  E  KE/5AOSZQ
  3 AP 032-323-9987 BYUL TOUR-A
  4 APM 010-6444-0898
  5 TK OK10FEB/SELK1394Z
  6 OPW SELK1394Z-13FEB:1600/1C7/KE REQUIRES TICKET ON OR BEFORE
        15FEB:1600 ICN TIME ZONE/TKT/S2
  7 OPC SELK1394Z-15FEB:1600/1C8/KE CANCELLATION DUE TO NO
        TICKET ICN TIME ZONE/TKT/S2
  * SP 10FEB/AASU/SELK1394Z-NHP PROC
```

PNR 작성의 확장 지시어 정리

1) 예약 기록(PNR) 분리(Split) 지시어

지시어	설명
PNR 조회 → SP2 → EF → EF → ET → ET	2번 승객 분리 후 저장
SP1-2	여러 명의 승객 중에서 1-2번 승객 분리
SP1, 3-5	여러 명의 승객 중에서 1번, 3-5번 승객 분리
RTAXR	분리된 각각의 PNR 조회

2) PNR Copy 지시어

지시어	설명
RRI	여정만 Copy
RRN	여정 & 연락처 정보 COPY
RRP	성명 & 연락처 정보 Copy
RRA	여정 & 연락처 정보 및 AXR Record 생성
RRI/3	좌석 수를 3개로 변경하여 여정 Copy
RRN/CM	Booking Class를 M으로 변경하여 여정 Copy
RRN/S6	여정 중 6번 Segment만 지정해서 PNR Copy
RRN/S7CE	7번 여정의 Booking Class를 E로 변경하여 PNR Copy
RRN/S6D03NOV	여정 중 6번 여정의 날짜를 11월 3일로 변경해서 PNR Copy

실습문제

《실습 1》 PNR Split

구분	문제	지시어
승객 성명	① 본인 ② PARK/NARAE MS	
연락처	① 02-710-3100 NARA TOUR ② 본인 휴대폰 번호	
여정	① 11/27 서울-방콕 KEOOO Y CLASS ② 12/3 방콕-서울 KEOOO Y CLASS 단 좌석이나 스케줄이 없는 경우 임의로 예약 가능	
PNR 저장	PNR Address :	
변경 사항	2번 승객 귀국편 날짜 변경 : 12/3→12/5	
요청자	본인	
PNR 저장	New PNR Address	

《실습 2》 PNR Split

구분	문제	지시어
승객 성명	①본인 ②OH/NAMI MS ③OH/JAEMI MR	
연락처	①02-700-2600 KANGSAN TOUR ②본인 휴대폰 번호 ③2번 승객 휴대폰 번호 010-3333-5555	
여정	①11/21 서울-하노이 KEOOO Y CLASS ②11/29 하노이-서울 KEOOO Y CLASS 단 좌석이나 스케줄이 없는 경우 임의로 예약 가능	
PNR 저장	PNR Address :	
변경 사항	2번과 3번 승객 전체 여정 취소	
요청자	본인	
PNR 저장	New PNR Address	

《실습 3》 Copying PNR

구분	문제	지시어
승객 성명	① 본인 ② NA/DONGBAN MR	
연락처	① 02-777-3333 DONGBAN TOUR ② 본인 휴대폰 번호	
여정	① 11/07 서울-싱가폴 KEOOO M CLASS ② 11/17 싱가폴-서울 KEOOO M CLASS 단 좌석이나 스케줄이 없는 경우 임의로 예약 가능	
PNR 저장	PNR Address :	
PNR Copy	동일 여정, 연락처로 1좌석 Copy 추가 승객 : NA/DONGSEOK MR	
연락처	나동석 휴대폰 번호 010-7755-5577	
요청 사항	나동석 승객 전체 여정에 채식 신청	
PNR 저장	Copy PNR Address	

《실습 4》 NHP PNR 저장

구분	문제	지시어
승객 성명	①SUNG/DONGIL MR ②LEE/ILHWA MS ③SUNG/DEOKSOON MS	
연락처	①02-555-2500 GANGNAM TOUR ②성동일 휴대폰 번호 010-3122-7788 ③성덕순 휴대폰 번호 010-3111-7788	
여정	①12/03 서울-런던 KEOOO Y CLASS 승객 전체 ②12/07 런던-서울 KEOOO Y CLASS 승객1-2번만 단 좌석이나 스케줄이 없는 경우 임의로 예약 가능	
여정 연결	런던-서울 여정을 승객1-2번에 연결	
PNR 저장	1-2번 승객 PNR 3번 승객 PNR	

실전문제

1 PNR Split을 하기 위해 End Transaction을 한 다음의 응답 화면을 참고하여 분리된 Parent PNR과 Associate PNR을 각각 기재하시오.

```
> ET

END OF TRANSACTION COMPLETE - 58WFRD SP-58VSQK
```

① Parent PNR :

② Associate PNR :

2 다음 응답 화면과 같이 분리(Split)된 PNR List를 조회할 수 있는 Entry를 기재하시오.

```
AXR FOR PNR:                             58WFRD    10FEB 1009
1.KIM/DABOK MS  1      *
2.LEE/HWAPYUNG- 1    58VSQK
```

3 아래 작성된 PNR의 여정만 Copy하되 좌석은 2좌석으로 조정하여 Copy하는 Entry를 기재하시오.

```
--- RLR ---
RP/SELK1394Z/SELK1394Z            AA/SU   9FEB25/1807Z   59CJ4G
  1.SONG/MANGOOK MR   2.HAN/YUJIN MS   3.KIM/MINHOO MR
  4.LEE/SORA MS   5.GONG/YUCHANG MR
  6  KE 901 Y 10JUN 2 ICNCDG HK5  1110 1830  10JUN  E  KE/59CJ4G
  7  KE 902 Y 20JUN 5 CDGICN HK5  2100 1555  21JUN  E  KE/59CJ4G
  8 AP 032-435-5678 TOTO TOUR-A
  9 APM 010-8890-7836/P2
 10 APM 010-4114-0898/P3
 11 APM 010-5440-1567/P1
 12 APM 010-4538-3370/P4
 13 APM 010-3695-8549/P5
```

4 다음과 같은 PNR 작성 시 1번 승객만 1/5일 뉴욕-인천 복편을 예약하고자 할 때 4번 여정과 1번 승객을 연결하는 Entry를 기재하시오.

```
                       *** NHP ***
RP/SELK1394Z/
  1.NA/GASU MR   2.NA/BAEWOO MS
  3  KE 081 H 30DEC 1 ICNJFK DK2  1000 1000  30DEC  E  0 388 LM
     SEE RTSVC
  4  KE 082 H 05JAN 7 JFKICN DK1  1200 1625  06JAN  E  0 388 LD
     SEE RTSVC
```

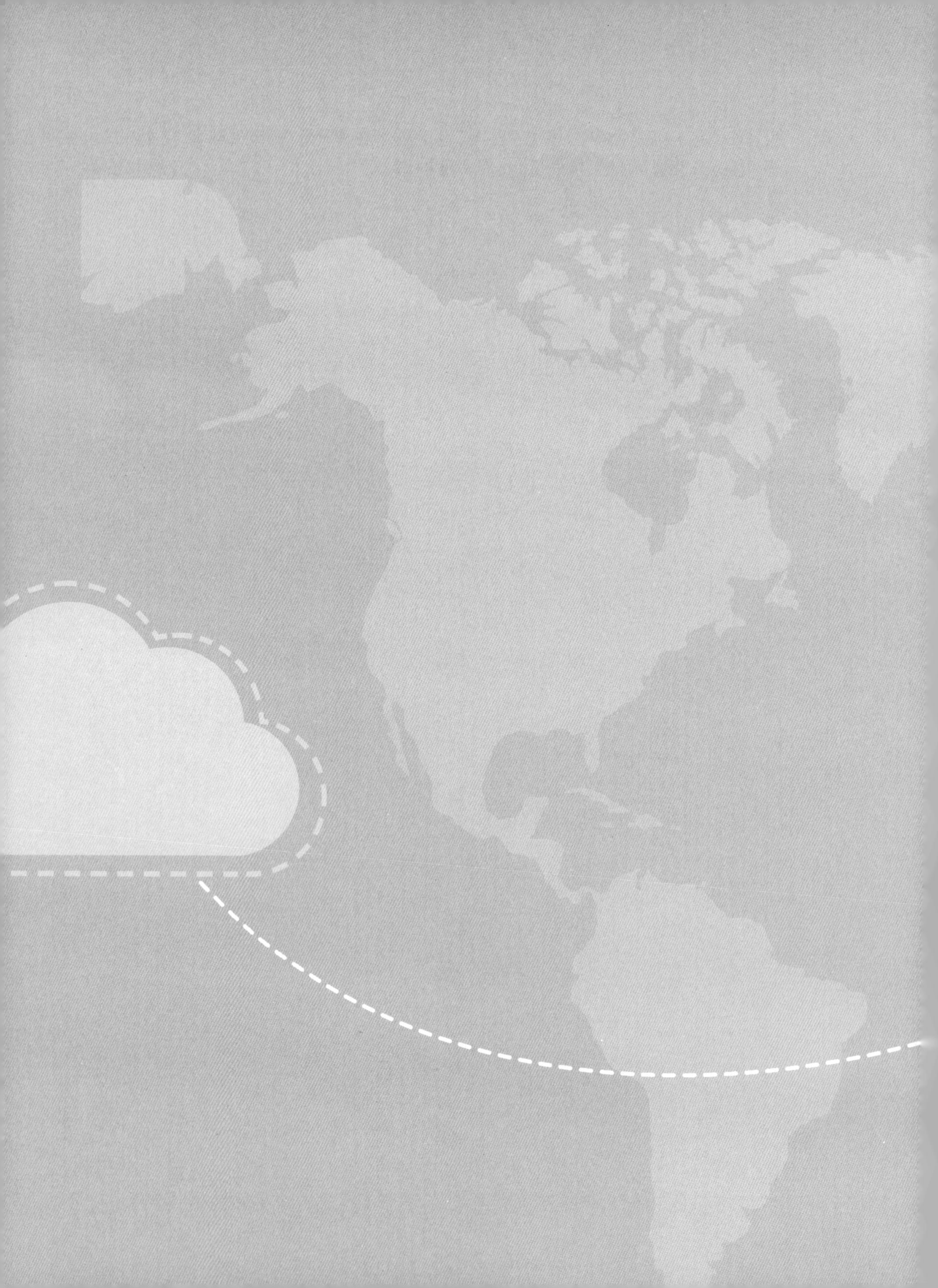

제6장

Group Booking

① Group의 정의

1) Group의 구성

- 성인 기준 10명 이상의 구성원이 두 구간 이상의 동일 여정에 함께 여행
- CHILD(소아)는 2명을 성인 1명으로 간주

2) Group의 형태

(1) 좌석을 먼저 확보한 후 승객을 모집하는 형태(PKG)

- 승객의 실제 명단 없이 GROUP NAME으로 PNR을 예약할 수 있다.

(2) 승객이 모집된 상태에서 좌석을 확보하는 형태(INC)

3) Group 예약의 특성

- TOPAS SellConnect SYSTEM으로는 KE만 직접 예약할 수 있다. 그 외 항공사의 GROUP 예약은 해당 항공사로 직접 요청하여야 한다.
- GROUP 좌석 수는 AVAILABILITY로 확인할 수 없으며, PNR을 작성한 뒤 QUEUE를 통해 PNR을 해당 항공사로 전송하여 좌석을 요청한 후 해당 항공사로부터 좌석 상태에 대해 통보받는다.

② Group PNR의 작성

1) 이름

>NG20TOPAS TOUR

ENTRY	TASK
NG	NAME GROUP
20	총 인원수
TOPAS TOUR	단체 이름

그룹 명령어 페이지 - TOPAS TOUR (0/20) [1]

```
> NG20TOPAS TOUR

RP/SELK1394Z/
0. 20TOPAS TOUR   NM: 0
*TRN*

>
```

OUTPUT	EXPLANATION
0	SEGMENT 0
20TOPAS TOUR	승객 수 & 단체 이름
NM : 0	실제 승객 이름 입력 : 0

실제 승객의 이름이 없기 때문에 SEG 0번으로 나타나고 실제 승객의 성명 입력시 SEG 1이 된다.

참고 KE의 경우 단체 PNR 생성시 GRP 성격 구분자(PKG or INC) 입력 필수
NG 20SELSM/TOPAS TOUR/PKG (SELSM : KE 관할지점)

2) 여정

(1) Short Sell Entry

>AN15JUNSELLON/AKE

```
그룹 명령어 페이지 - TOPAS TOUR (0/20) - 15JUN - LHR [1]
> AN15JUNSELLON/AKE

AN15JUNSELLON/AKE
** AMADEUS AVAILABILITY - AN ** LON LONDON.GB               128 SU 15JUN 0000
 1   KE 907  F7 AL J9 C9 DL IL RL /ICN 2 LHR 4  1050    1720  E0/77W      14:30
             Z1 Y9 B9 M9 S9 H9 E9 KL LL UL QL TL GL
*TRN*
> SS20G1/SG

RP/SELK1394Z/
0. 20TOPAS TOUR  NM: 0
  1  KE 907 G 15JUN 7 ICNLHR HN20 1050 1720  15JUN  E  0 77W DL
     SEE RTSVC
*TRN*

>
```

>SS20G1/SG

ENTRY	TASK
SS	SEGMENT SELL
20	NUMBER OF SEATS
G	GROUP BOOKING CLASS
1	LINE NUMBER
/	SLASH AS SEPARATOR
SG	SELL GROUP

(2) Long Sell Entry

>SSKE908G22JULLONSELSG20

KE GROUP의 BOOKING CLASS는 G이며, 해당 항공사의 GROUP DESK에 GROUP PNR을 전송하기 위해서는 SG CODE를 입력해야 한다.

그룹 명령어 페이지 - TOPAS TOUR (0/20) - 15JUN - LHR [1]

```
> SSKE908G22JULLONSELSG20

RP/SELK1394Z/
0. 20TOPAS TOUR  NM: 0
  1  KE 907 G 15JUN 7 ICNLHR HN20 1050 1720  15JUN  E  0 77W DL
     SEE RTSVC
  2  KE 908 G 22JUL 2 LHRICN HN20 1955 1615  23JUL  E  0 77W BD
     SEE RTSVC
*TRN*

>
```

위의 화면에서 SEG 1은 AVAILABILITY를 이용하여 여정을 예약하였고 SEG 2는 DIRECT SELL을 이용하여 여정을 예약하였다.

3) AP

```
>AP 02-123-4567 TOPAS TOUR
```

```
>APM-010-1234-5678 KIM/DAMDANG MS
```

그룹 명령어 페이지 - TOPAS TOUR (0/20) - 15JUN - LHR [1]

```
> APM-010-1234-5678 KIM/DAMDANG MS

RP/SELK1394Z/
0. 20TOPAS TOUR  NM: 0
  1  KE 907 G 15JUN 7 ICNLHR HN20 1050 1720  15JUN  E  0 77W DL
     SEE RTSVC
  2  KE 908 G 22JUL 2 LHRICN HN20 1955 1615  23JUL  E  0 77W BD
     SEE RTSVC
  3 AP 02-123-4567 TOPAS TOUR
  4 APM 010-1234-5678 KIM/DAMDANG MS
*TRN*

>
```

4) GROUP FARE BASIS (GRPF)

```
>SR GRPF KE-GV10
```

ENTRY	TASK
SR	SPECIAL SERVICE REQUEST
GRPF	GROUP FARE BASIS KEYWORD
KE-GV10	항공사 코드-최소 그룹 인원수

그룹 명령어 페이지 - TOPAS TOUR (0/20) - 15JUN - LHR [1]

```
> SR GRPF KE-GV10

RP/SELK1394Z/
0. 20TOPAS TOUR  NM: 0
  1  KE 907 G 15JUN 7 ICNLHR HN20 1050 1720  15JUN  E  0 77W DL
     SEE RTSVC
  2  KE 908 G 22JUL 2 LHRICN HN20 1955 1615  23JUL  E  0 77W BD
     SEE RTSVC
  3 AP 02-123-4567 TOPAS TOUR
  4 APM 010-1234-5678 KIM/DAMDANG MS
  5 SSR GRPF KE GV10
*TRN*

>
```

GROUP 예약에서는 GRPF가 필수 구성 요소이며 SSR 항목으로 입력한다.

5) 저장

그룹 명령어 페이지 - TOPAS TOUR (0/20) - 15JUN - LHR - 6VINOU

```
> ER

--- RLR ---
RP/SELK1394Z/SELK1394Z          AA/SU   7FEB25/1141Z   6VINOU
0. 20TOPAS TOUR  NM: 0
  1  KE 907 G 15JUN 7 ICNLHR HN20 1050 1720  15JUN  E  KE/6VINOU
  2  KE 908 G 22JUL 2 LHRICN HN20 1955 1615  23JUL  E  KE/6VINOU
  3 AP 02-123-4567 TOPAS TOUR
  4 APM 010-1234-5678 KIM/DAMDANG MS
  5 TK OK07FEB/SELK1394Z
  6 SSR GRPF KE GV10
*TRN*

>
```

③ 승객 이름 입력

>NM1 YANG/JAEWON,MR

```
그룹 명령어 페이지 - TOPAS TOUR (1/20) - 15JUN - LHR - 6VINOU

> NM1YANG/JAEWON,MR

--- RLR ---
RP/SELK1394Z/SELK1394Z          AA/SU   7FEB25/1141Z   6VINOU
0. 19TOPAS TOUR  NM: 1
  2  KE 907 G 15JUN 7 ICNLHR HN20 1050 1720  15JUN  E  KE/6VINOU
  3  KE 908 G 22JUL 2 LHRICN HN20 1955 1615  23JUL  E  KE/6VINOU
  4 AP 02-123-4567 TOPAS TOUR
  5 APM 010-1234-5678 KIM/DAMDANG MS
  6 TK OK07FEB/SELK1394Z
  7 SSR GRPF KE GV10
*TRN*

>
```

승객의 실제 이름을 입력할 때마다 NM의 수는 증가, GROUP NAME의 인원수는 감소한다.

```
그룹 명령어 페이지 - TOPAS TOUR (3/20) - 15JUN - LHR - 6VINOU

--- RLR ---
RP/SELK1394Z/SELK1394Z          AA/SU   7FEB25/1141Z   6VINOU
0. 17TOPAS TOUR  NM: 3
  4  KE 907 G 15JUN 7 ICNLHR HN20 1050 1720  15JUN  E  KE/6VINOU
  5  KE 908 G 22JUL 2 LHRICN HN20 1955 1615  23JUL  E  KE/6VINOU
  6 AP 02-123-4567 TOPAS TOUR
  7 APM 010-1234-5678 KIM/DAMDANG MS
  8 TK OK07FEB/SELK1394Z
  9 SSR GRPF KE GV10
*TRN*

>
```

2명의 승객 이름을 추가로 입력하여 입력된 승객의 실제 이름은 3명, GROUP NAME은 17로 감소한 걸 확인할 수 있다.

1) 입력된 이름 조회

>RTN

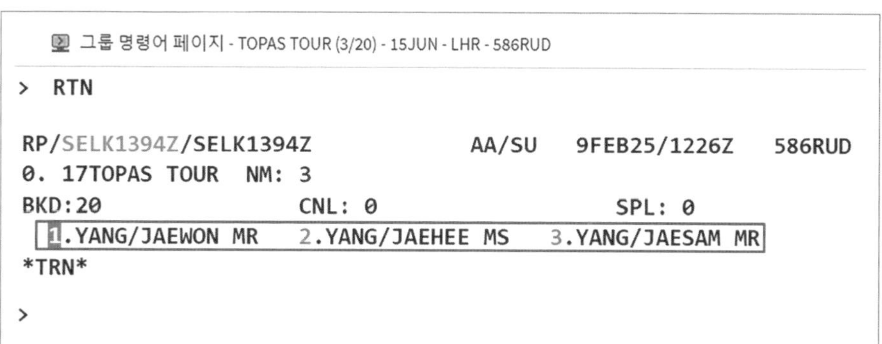
```
그룹 명령어 페이지 - TOPAS TOUR (3/20) - 15JUN - LHR - 586RUD
> RTN

RP/SELK1394Z/SELK1394Z          AA/SU   9FEB25/1226Z   586RUD
0. 17TOPAS TOUR  NM: 3
BKD:20              CNL: 0                  SPL: 0
 1.YANG/JAEWON MR   2.YANG/JAEHEE MS   3.YANG/JAESAM MR
*TRN*

>
```

실제 승객의 성명을 예약한 후 EOT를 하여 PNR을 저장한다.

2) 이름 포함한 전체 PNR 조회

>RTW

```
그룹 명령어 페이지 - TOPAS TOUR (3/20) - 15JUN - LHR - 586RUD
> RTW

--- RLR ---
RP/SELK1394Z/SELK1394Z          AA/SU   9FEB25/1226Z   586RUD
0. 17TOPAS TOUR  NM: 3
BKD:20              CNL: 0                  SPL: 0
  1.YANG/JAEWON MR   2.YANG/JAEHEE MS   3.YANG/JAESAM MR
  4  KE 907 G 15JUN 7 ICNLHR HN20 1050 1720  15JUN  E  KE/586RUD
  5  KE 908 G 22JUL 2 LHRICN HN20 1955 1615  23JUL  E  KE/586RUD
  6 AP 02-123-4567 TOPAS TOUR
  7 APM 010-1234-5678 KIM/DAMDANG MS
  8 TK OK09FEB/SELK1394Z
  9 SSR GRPF KE GV10
*TRN*

>
```

④ Group Split

1) NO NAME Field Split

>SP0.3

0번 Element의 No Name에서 3명 분리

```
그룹 명령어 페이지 - TOPAS TOUR (0/3) - 15JUN - LHR - XXXXXX
> SP0.3

--- RLR ---
-ASSOCIATE PNR-
RP/SELK1394Z/SELK1394Z            AA/SU   9FEB25/1226Z   XXXXXX
0.  3TOPAS TOUR  NM: 0
  1  KE 907 G 15JUN 7 ICNLHR HN3  1050 1720  15JUN  E  KE/586RUD
  2  KE 908 G 22JUL 2 LHRICN HN3  1955 1615  23JUL  E  KE/586RUD
  3 AP 02-123-4567 TOPAS TOUR
  4 APM 010-1234-5678 KIM/DAMDANG MS
  5 TK OK09FEB/SELK1394Z
  6 SSR GRPF KE GV10
  7 SSR GRPS YY TCP 20 TOPAS TOUR
  * SP 09FEB/AASU/SELK1394Z-586RUD
*TRN*

>
```

No Name 3명이 분리된 다른 PNR이 생성되었다.

>EF

그룹 명령어 페이지 - TOPAS TOUR (3/17) - 15JUN - LHR - 586RUD

```
> EF

--- RLR ---
-PARENT PNR-
RP/SELK1394Z/SELK1394Z          AA/SU   9FEB25/1226Z   586RUD
0. 14TOPAS TOUR  NM: 3
  4  KE 907 G 15JUN 7 ICNLHR HN17 1050 1720  15JUN  E  KE/586RUD
  5  KE 908 G 22JUL 2 LHRICN HN17 1955 1615  23JUL  E  KE/586RUD
```

>ER

```
> ER

--- AXR RLR ---
RP/SELK1394Z/SELK1394Z          AA/SU   9FEB25/1242Z   586RUD
0. 14TOPAS TOUR  NM: 3
  4  KE 907 G 15JUN 7 ICNLHR HN17 1050 1720  15JUN  E  KE/586RUD
  5  KE 908 G 22JUL 2 LHRICN HN17 1955 1615  23JUL  E  KE/586RUD
  6 AP 02-123-4567 TOPAS TOUR
  7 APM 010-1234-5678 KIM/DAMDANG MS
  8 TK OK09FEB/SELK1394Z
  9 SSR GRPF KE GV10
 10 SSR GRPS YY TCP 20 TOPAS TOUR
  * SP 09FEB/AASU/SELK1394Z-587IX6
*TRN*

> RT587IX6

--- AXR RLR ---
RP/SELK1394Z/SELK1394Z          AA/SU   9FEB25/1242Z   587IX6
0. 3TOPAS TOUR  NM: 0
  1  KE 907 G 15JUN 7 ICNLHR HN3  1050 1720  15JUN  E  KE/587IX6
  2  KE 908 G 22JUL 2 LHRICN HN3  1955 1615  23JUL  E  KE/587IX6
  3 AP 02-123-4567 TOPAS TOUR
  4 APM 010-1234-5678 KIM/DAMDANG MS
  5 TK OK09FEB/SELK1394Z
  6 SSR GRPF KE GV10
  7 SSR GRPS YY TCP 20 TOPAS TOUR
  * SP 09FEB/AASU/SELK1394Z-586RUD
*TRN*

>
```

위의 화면은 EOT 과정을 거쳐 GROUP PNR의 SPLIT이 완성된 결과이다.

20석이 있는 1개의 PNR이 각각 17석과 3석이 있는 2개의 PNR로 SPLIT되었다.

SPLIT이 완성된 PNR에는 위의 화면과 같이 PSGRS TRAVELING TOGETHER의 의미를 가진 GRPS와 총 인원을 알려주는 TCP가 자동으로 생성되며 양쪽의 PNR에 모두 COPY된다.

2) REAL NAME SPLIT

>RTN

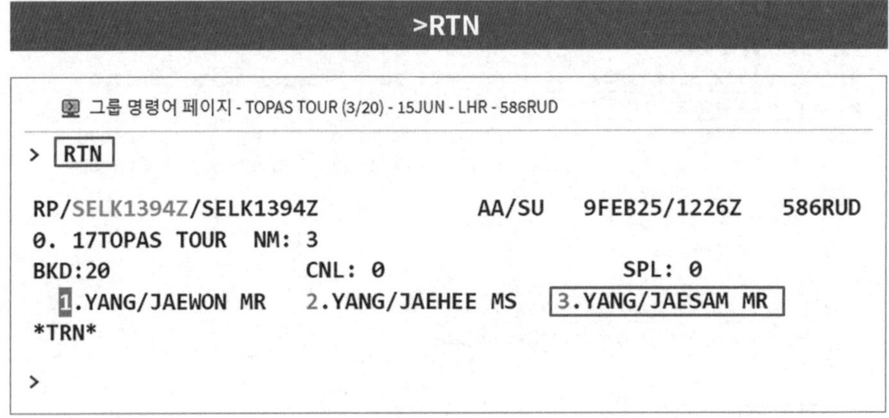
그룹 명령어 페이지 - TOPAS TOUR (3/20) - 15JUN - LHR - 586RUD

```
> RTN

RP/SELK1394Z/SELK1394Z            AA/SU   9FEB25/1226Z   586RUD
0. 17TOPAS TOUR  NM: 3
BKD:20               CNL: 0                 SPL: 0
  1.YANG/JAEWON MR   2.YANG/JAEHEE MS   3.YANG/JAESAM MR
*TRN*

>
```

RTN으로 입력되어 있는 승객 이름을 조회한다.

>SP3 → EF → ER

그룹 명령어 페이지 - TOPAS TOUR (1/1) - 15JUN - LHR - XXXXXX

```
> SP3

--- RLR ---
-ASSOCIATE PNR-
RP/SELK1394Z/SELK1394Z          AA/SU   9FEB25/1226Z   XXXXXX
0.  0TOPAS TOUR   NM: 1
  2  KE 907 G 15JUN 7 ICNLHR HN1  1050 1720  15JUN  E  KE/586RUD
  3  KE 908 G 22JUL 2 LHRICN HN1  1955 1615  23JUL  E  KE/586RUD
  4 AP 02-123-4567 TOPAS TOUR
  5 APM 010-1234-5678 KIM/DAMDANG MS
  6 TK OK09FEB/SELK1394Z
  7 SSR GRPF KE GV10
  8 SSR GRPS YY TCP 20 TOPAS TOUR
  * SP 09FEB/AASU/SELK1394Z-586RUD
*TRN*

>  RTN

RP/SELK1394Z/SELK1394Z          AA/SU   9FEB25/1226Z   XXXXXX
0.  0TOPAS TOUR   NM: 1
BKD: 1              CNL: 0                  SPL: 0
  1.YANG/JAESAM MR
```

SP3으로 3번 승객만 분리하였고, EF→ER로 저장하면 된다.

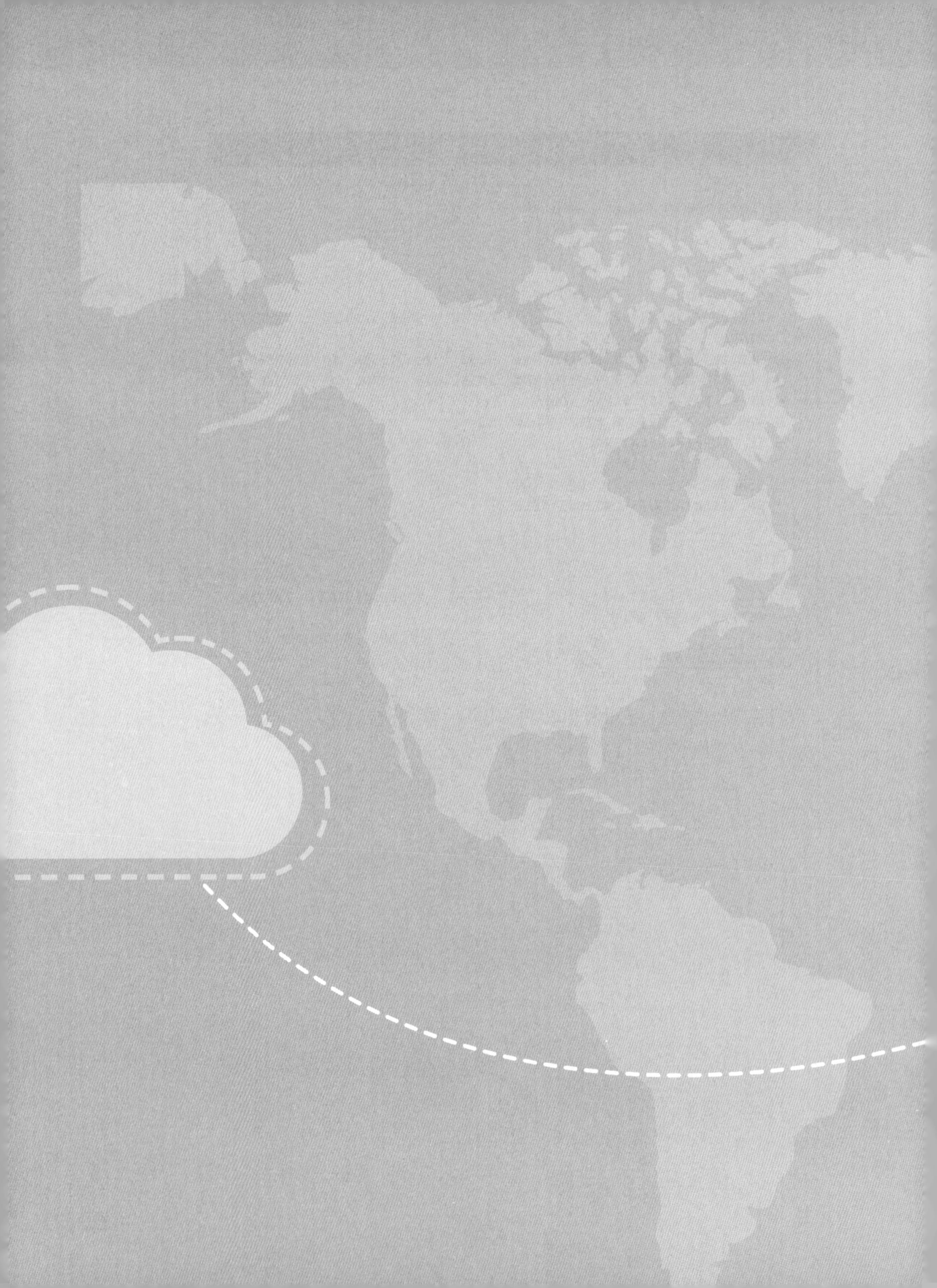

BOOKING CLASS

① CLASS의 종류

1) IATA Cabin Class

항공사에서 항공편에 설치하여 운영하는 등급으로 승객이 실제 탑승하는 등급을 말한다. 일반적으로 3개의 등급으로 구분되어 있다.

① First Class(일등석)

② Business Class(우등석)

③ Economy Class(일반석)

2) Booking Class

각 항공사는 같은 Cabin Class라도 효율적인 항공 좌석 판매와 수익을 극대화하기 위하여 수요 특성별, 지역별로 구분하여 항공운임을 여러 종류로 나누어 운영한다.

항공운임을 결정하는 FARE BASIS는 PASSENGER TYPE 및 여정의 종류, 체류 기간, STOPOVER 유무 및 횟수, TRANSFER 유무 및 횟수 등에 따라 결정되며, FARE BASIS에 따라 Booking Class가 결정된다.

항공 여정을 예약할 때에는 승객의 여정 조건에 맞는 가장 저렴한 FARE BASIS를 찾아서 그에 따르는 Booking Class로 예약한다.

② BOOKING CLASS의 결정

1) CABIN CLASS 확인

FIRST(F) CLASS / BUSINESS(C) CLASS / ECONOMY(Y) CLASS/ 기타

2) 여정 조건 확인

(1) NORMAL FARE

MAXIM STAYING 기간은 1년이며 MINIMUM STAYING, STOPOVER 및 TRANSFER 등에 대한 RESTRICTION이 없으며 FARE BASIS는 F, C, Y이다.

(2) AIRLINE SPECIAL FARE

ONE WAY / ROUND TRIP, 체류 기간, STOPOVER 유무 및 횟수, TRANSFER 유무 및 횟수

③ 운임조회

〈조건〉 - 6/20 SEL-JKT, 10/15 JKT-SEL 왕복, 약 4개월 체류
- KE 이용
- 예약후 3일 이내 발권예정

>FQDSELJKT/AKE/D20JUN

ENTRY	TASK
FQD	FARE QUOTATION DISPLAY
SELJKT	구간(출발지, 목적지)
A	AIRLINE
KE	SPECIFIC AIRLINE(지정 항공사)
D	DATE
30DEC	SPECIFIC DATE(출발일)

Entry 화면 1

```
> FQDSELJKT/AKE/D20JUN

FQDSELJKT/AKE/D20JUN
AE  AI  AY  BA  BI  BR  B7  CA  CI     TAX MAY APPLY
CX  CZ  EK  ET  FZ  GA  GS  HO  HU     SURCHG MAY APPLY-CK RULE
HX  H1  ID  IT  JD  JL  JX  KA  KL
LH  MF  MH  MU  NX  NZ  OD  OZ  PG
PR  QF  QR  RQ  SB  SQ  TG  TR  UL
VA  VJ  VN  WY  W2  ZH  3U  9W  /YY*
AA  AC  AF  AK  BG  B0  CA  CG  CO
C6  D2  D7  EK  FD  FN  FP  FR  FY
F5  GI  GX  G5  HC  HV  H1  H2  JD
JJ  J9  KC  KE  LA  LH  LJ  LL  LS
MF  M8  OD  OZ  PZ  QH  QZ  RY  R3
R7  R8  SB  S3  TB  TO  TW  UA  UJ
VJ  VK  VY  WW  W2  W5  W7  XJ  XL
X4  X5  YC  YZ  ZE  ZH  ZL  Z2  3Q
3U  4M  4O  5Q  6Q  7A  7C  9B  9G
9H  9N  9R  9X
ROE 1461.628253 UP TO 100.00 KRW
>                                           PAGE  1/ 4
```

기본 Entry로 조회하면 불필요한 항공사 List부터 조회된다.

>FQDSELJKT/AKE/D20JUN/IL,X

ENTRY	TASK
IL	Ignore List (항공사 목록 제외)
,X	저렴한 운임부터 높은 운임순 조회

Entry 화면 1

```
> FQDSELJKT/AKE/D20JUN/IL,X

FQDSELJKT/AKE/D20JUN/IL,X
ROE 1461.628253 UP TO 100.00 KRW
20JUN25**20JUN25/KE SELJKT/NSP;EH/TPM  3281/MPM  3937
LN FARE BASIS     OW    KRW   RT    B PEN  DATES/DAYS    AP MIN MAX R
01 QLEVZFEG              400000 Q  +  S07JUN  01JUL+  + -    3M R
                                      A16JAN B15FEB
02 QLEVZFGA              420000 Q  +  S07JUN  01JUL+  + -    3M R
                                      A16JAN B15FEB
03 QLEVZFES              450000 Q  +  S07JUN  01JUL+  + -    3M R
                                      A16JAN B15FEB
04 ULE7ZFEG              460000 U  +  S07JUN  01JUL+ 7+ -    3M R
                                      A16JAN B15FEB
05 QLEVZFKS              470000 Q  +  S07JUN  01JUL+  + -    3M R
                                      A16JAN B15FEB
06 ULE7ZFGA              480000 U  +  S07JUN  01JUL+ 7+ -    3M R
                                      A16JAN B15FEB
07 ULEVZRES              500000 U  +  S07JUN  01JUL+  + -    3M R
08 ULEVZRKS              520000 U  +  S07JUN  01JUL+  + -    3M R
09 LLEVZRES              560000 L  +  S07JUN  01JUL+  + -    6M R
10 LLEVZRKS              580000 L  +  S07JUN  01JUL+  + -    6M R
>                                                PAGE   1/ 3
```

OUTPUT	EXPLANATION
LN	LINE NUMBER
FARE BASIS	운임의 종류
OW / RT	ONE WAY(편도) / ROUND TRIP(왕복)
KRW	CURRENCY(출발지 국가 통화코드)
B	BOOKING CLASS
PEN	PENALTY INFORMATION
DATES/DAYS	날짜/요일에 대한 규정
AP	ADVANCED PURCHASE(사전 구입 조건)
MIN	MINIMUM STAY(최소 체류 의무 기간)
MAX	MAXIMUM STAY(최대 체류 허용 기간)
R	운임 계산 방식(R: Routing System, M: Mileage System)

Entry 화면 1

```
> FQDSELJKT/AKE/D20JUN/IL,X

FQDSELJKT/AKE/D20JUN/IL,X
ROE 1461.628253 UP TO 100.00 KRW
20JUN25**20JUN25/KE SELJKT/NSP;EH/TPM  3281/MPM  3937
LN FARE BASIS    OW    KRW   RT    B PEN  DATES/DAYS    AP MIN MAX R
01 QLEVZFEG             400000 Q  +   S07JUN  01JUL+  + -    3M R
                                      A16JAN B15FEB
02 QLEVZFGA             420000 Q  +   S07JUN  01JUL+  + -    3M R
                                      A16JAN B15FEB
03 QLEVZFES             450000 Q  +   S07JUN  01JUL+  + -    3M R
                                      A16JAN B15FEB
04 ULE7ZFEG             460000 U  +   S07JUN  01JUL+ 7+ -    3M R
                                      A16JAN B15FEB
05 QLEVZFKS             470000 Q  +   S07JUN  01JUL+  + -    3M R
                                      A16JAN B15FEB
06 ULE7ZFGA             480000 U  +   S07JUN  01JUL+ 7+ -    3M R
                                      A16JAN B15FEB
07 ULEVZRES             500000 U  +   S07JUN  01JUL+  + -    3M R
08 ULEVZRKS             520000 U  +   S07JUN  01JUL+  + -    3M R
09 LLEVZRES             560000 L  +   S07JUN  01JUL+  + -    6M R
10 LLEVZRKS             580000 L  +   S07JUN  01JUL+  + -    6M R
>                                                  PAGE  1/ 3
```

8번 라인까지는 최대 체류 허용 기간이 3개월이므로 4개월 체류가 가능한 가장 저렴한 운임은 9번 라인에 있는 560000이고, Booking Class는 L Class이다.

>FQN9//AP

9번 라인의 AP(Advanced Purchase) 규정을 조회한다.

Entry 화면 1

```
> FQN9//AP

FQN9//AP
**  RULES DISPLAY  **
20JUN25**20JUN25/KE SELJKT/NSP;EH/TPM  3281/MPM  3937
LN FARE BASIS    OW   KRW  RT    B PEN  DATES/DAYS   AP MIN MAX R
09 LLEVZRES               560000 L  +  S07JUN  01JUL+  + -   6M R
FCL: LLEVZRES  TRF:   8 RULE: KS05 BK:  L
PTC: ADT-ADULT              FTC: ERU-ECONOMY RT UNBUNDLED
FARE FAMILY               : EYSAVER
AP.ADVANCE RES/TKT
FOR LLEVZRES TYPE FARES

 RESERVATIONS ARE REQUIRED FOR ALL SECTORS.
 TICKETING MUST BE COMPLETED WITHIN 3 DAYS AFTER
 RESERVATIONS ARE MADE.
        NOTE -
         ALL SECTORS MUST BE CONFIRMED.
                                                 PAGE  1/ 1
```

예약후 3일 이내에 발권을 완료해야 한다는 AP 규정을 확인할 수 있다.

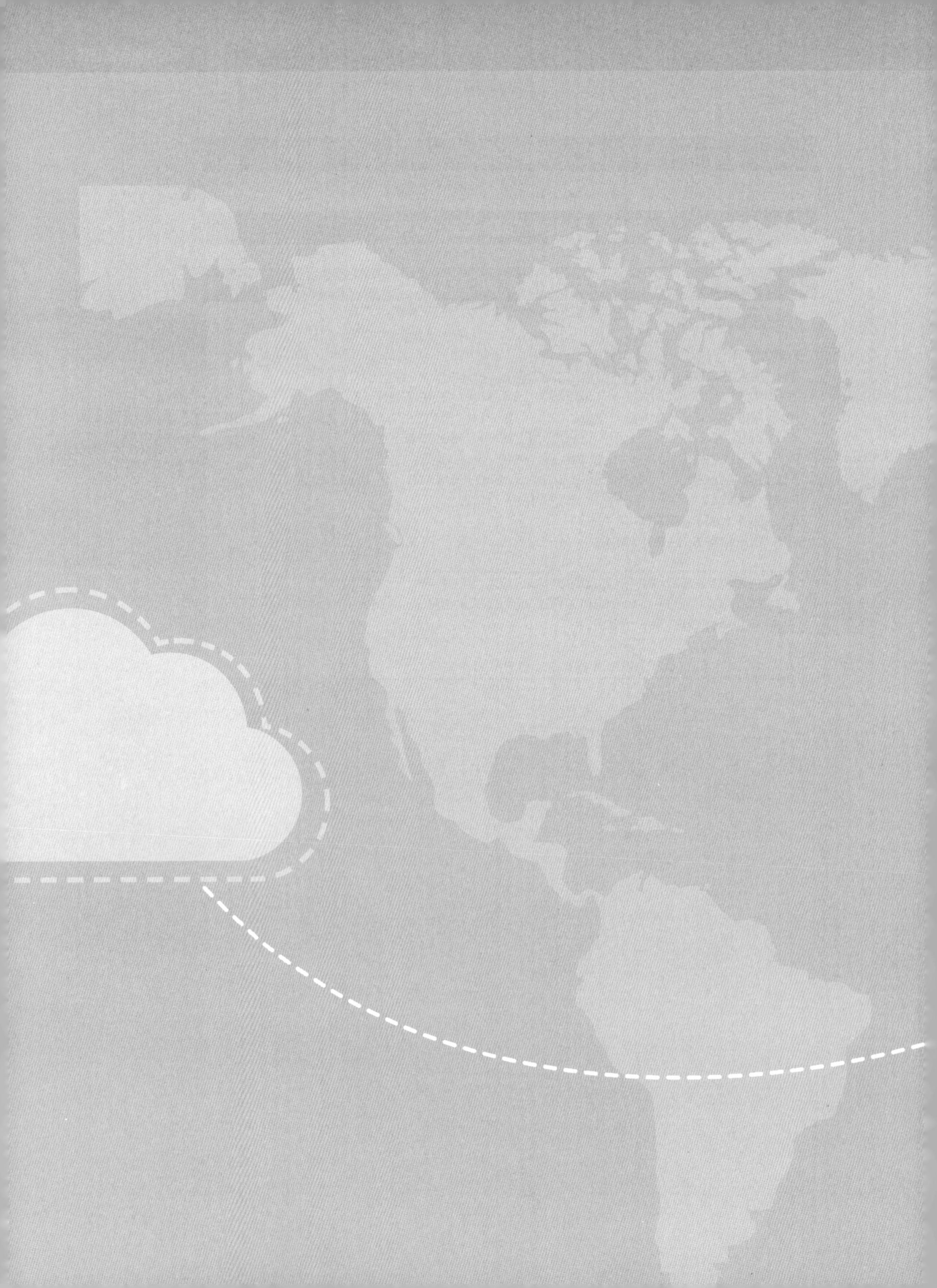

제8장

예약코드(Reservation Status Code)

① 예약코드 개요

좌석을 예약하기 위해서는 System에 유지되고 있는 좌석 재고를 정해진 Code에 따라 요청하고(Action Code), 그에 대한 응답을 받아(Advice Code) 상태를 유지하는 Code(Status Code) 형태로 이루어진다. 이에 따라 IATA에서는 세계적으로 공통으로 사용할 수 있는 Code를 정해놓고 있다.

② 예약코드 종류

구 분	설 명	
요청 코드(Action Code)	여행사 → 항공사 항공사 → 항공사	항공사로 좌석을 요청하는 코드
응답 코드(Advice Code)	항공사 → 여행사 항공사 → 항공사	요청한 좌석에 대한 응답 코드
상태 코드(Status Code)	PNR에 최종적으로 반영되어 유지되는 코드	

1) 요청 코드(Action Code)

Code	설 명
DK	좌석 예약이 확정되었음을 나타내는 코드
DW	좌석 예약이 대기 상태임을 나타내는 코드
NN	좌석 및 부대서비스 기본 요청 코드
SS	- 항공사 Link Level이 낮은 항공사의 예약을 하는 경우 좌석이 판매되었음을 나타내는 코드 - PNR 완료 후 HK 코드로 보여지지만 나중에 불가하다라는 응답을 받을 수 있으므로 해당 항공사에 반드시 예약 확인 필요
PK	다른 GDS에서 예약한 여정의 경우, 발권을 위해 사용하는 코드
GK	실제 예약이 이루어지지 않은 상태에서 운임 확인을 위해 사용하는 코드
SG	단체 좌석 요청시 사용하는 코드
PE	대기 좌석 요청시 사용하는 코드

2) 응답 코드(Advice Code)

Code	설 명
KK	요청된 내용(좌석, 기내식)이 OK되었음을 나타내는 코드
KL	대기자 명단에 있던 승객의 좌석이 OK되었음을 나타내는 코드
UU	요청된 내용이 현재는 불가하며 대기자 명단에 있음을 나타내는 코드
US	좌석이 판매되었으나 해당 항공사에서 받아들이지 않아 대기자 명단에 있음을 나타내는 코드
UC	대기자도 불가함을 나타내는 코드
UN	요청한 항공편이 운항하지 않거나 요청한 서비스가 제공되지 않음을 나타내는 코드
NO	요청사항이 잘못되었거나 기타의 이유로 Action을 취하지 않음을 나타내는 코드
TK	출발시간 변경이나 항공편명 변경으로 인해 변경된 스케줄로 OK되었음을 나타내는 코드 (HK→UN→TK)
TL	기존 대기 상태에서 출발시간 변경이나 항공편명 변경으로 인해 변경된 스케줄로 대기자 상태임을 나타내는 코드 (HL→UN→TL)
HX	항공사에 의해 여정이 취소되었음을 나타내는 코드 주로 발권시한 경과, Name Change 등의 규정을 위배한 경우에 항공사에서 취소할 때 사용되며, 사유는 SSR사항에 통보
DL	KL 상태에서 대기자로 되돌려진 상태를 나타내는 코드
HN	그룹 좌석을 요청하고 응답이 오기까지 유지되는 코드

3) 상태 코드(Status Code)

Code	설 명
HK	Holding Confirmed. 예약이 확정되어 있는 상태를 나타내는 코드
HL	Have Waitlisted. 예약이 대기자 명단에 있는 상태를 나타내는 코드

```
--- RLR ---
RP/SELK1394Z/SELK1394Z            AA/SU   9FEB25/1552Z   58UYGQ
  1.YEO/HAENGJA MR
  2  KE 901 H 20MAR 4 ICNCDG HK1  1205 1830  20MAR  E  KE/58UYGQ
  3  KE 902 H 04APR 5 CDGICN HL1  2100 1555  05APR  E  KE/58UYGQ
  4 AP 02-1234-5678-A
  5 APM 010-1234-5678
  6 TK OK09FEB/SELK1394Z
```

3 예약코드 정리

응답코드는 반드시 최종 상태 코드로 변경하여 현재 좌석의 상태를 명확하게 해야 한다.

상태 코드로 정리하는 방법은 두 가지가 있다.

1) 자동정리

>ETK	(상태코드로 자동 정리 + PNR 저장)
>ERK	(상태코드로 자동 정리 + PNR 저장 + PNR 조회)

```
--- RLR ---
RP/SELK1394Z/SELK1394Z          AA/SU   9FEB25/1552Z   58UYGQ
  1.YEO/HAENGJA MR
  2  KE 901 H 20MAR 4 ICNCDG HK1  1205 1830  20MAR  E  KE/58UYGQ
  3  KE 902 H 04APR 5 CDGICN [KL1]  2100 1555  05APR  E  KE/58UYGQ
  4 AP 02-1234-5678-A
  5 APM 010-1234-5678
  6 TK OK09FEB/SELK1394Z
  7 OPW SELK1394Z-12FEB:1600/1C7/KE REQUIRES TICKET ON OR BEFORE
       13FEB:1600 ICN TIME ZONE/TKT/S2
  8 OPC SELK1394Z-13FEB:1600/1C8/KE CANCELLATION DUE TO NO
       TICKET ICN TIME ZONE/TKT/S2
```

3번 여정이 대기자 상태에서 좌석이 OK되어 KL로 되어있는데, 상태코드로 변경해야 한다.

```
>[ERK]

--- RLR ---
RP/SELK1394Z/SELK1394Z          AA/SU   9FEB25/1613Z   58UYGQ
  1.YEO/HAENGJA MR
  2  KE 901 H 20MAR 4 ICNCDG HK1  1205 1830  20MAR  E  KE/58UYGQ
  3  KE 902 H 04APR 5 CDGICN  [HK1]  2100 1555  05APR  E  KE/58UYGQ
  4 AP 02-1234-5678-A
  5 APM 010-1234-5678
  6 TK OK09FEB/SELK1394Z
```

자동정리 명령어인 ERK를 사용하여 KL→HK로 변경하였다.

2) 수동정리

>3/HK (3번 여정을 HK 상태코드로 변경)

```
--- RLR ---
RP/SELK1394Z/SELK1394Z          AA/SU   9FEB25/1552Z   58UYGQ
  1.YEO/HAENGJA MR
  2  KE 901 H 20MAR 4 ICNCDG HK1  1205 1830  20MAR  E  KE/58UYGQ
  3  KE 902 H 04APR 5 CDGICN [KL1]  2100 1555  05APR  E  KE/58UYGQ
  4 AP 02-1234-5678-A
  5 APM 010-1234-5678
  6 TK OK09FEB/SELK1394Z
  7 OPW SELK1394Z-12FEB:1600/1C7/KE REQUIRES TICKET ON OR BEFORE
      13FEB:1600 ICN TIME ZONE/TKT/S2
  8 OPC SELK1394Z-13FEB:1600/1C8/KE CANCELLATION DUE TO NO
      TICKET ICN TIME ZONE/TKT/S2
```

3번 여정이 대기자 상태에서 좌석이 OK되어 KL로 되어있는데, 상태코드로 변경해야 한다.

```
>[3/HK]

--- RLR ---
RP/SELK1394Z/SELK1394Z          AA/SU   9FEB25/1613Z   58UYGQ
  1.YEO/HAENGJA MR
  2  KE 901 H 20MAR 4 ICNCDG HK1  1205 1830  20MAR  E  KE/58UYGQ
  3  KE 902 H 04APR 5 CDGICN [HK1]  2100 1555  05APR  E  KE/58UYGQ
  4 AP 02-1234-5678-A
  5 APM 010-1234-5678
  6 TK OK09FEB/SELK1394Z
```

3/HK 명령어를 사용하여 3번 여정의 코드를 KL→HK로 변경하였다. 변경한 후 ER로 최종 저장하여야 한다.

제9장

부록

1. 주요 도시 복수 공항 코드

CITY CODE	AIRPORT CODE	AIRPORT NAME
SEL	GMP	GIMPO INTERNATIONAL
	ICN	INCHEON INTERNATIONAL
TYO	HND	OKYO INTL HANEDA
	NRT	NARITA INTL
OSA	KIX	KANSAI INTERNATIONAL
	ITM	OSAKA INTL (ITAMI)
BJS	PEK	CAPITAL INTL
	PKX	DAXING INTL
SHA	SHA	HONGQIAO INTL
	PVG	PUDONG INTL
BKK	DMK	DON MUEANG INTL
	BKK	SUVARNABHUMI INTL
LON	LGW	GATWICK
	LHR	HEATHROW
	LTN	LUTON
	STN	STANSTED
PAR	CDG	CHARLES DE GAULLE
	ORY	ORLY
ROM	CIA	CIAMPINO
	FCO	FIUMICINO
FRA	FRA	FRANKFURT INTL
	HNN	HAHN AIRPORT
WAS	IAD	DULLES INTL
	DCA	R REAGAN NAT
NYC	JFK	JOHN F KENNEDY INTL
	LGA	LAGUARDIA
	EWR	NEWARK LIBERTY INTL
LAX	LAX	LOS ANGELES INTL
	ONT	ONTARIO INTERNATIONAL

2. 주요 휴양지 코드

휴양지	CODE	CITY NAME
괌	GUM	GUAM
사이판	SPN	SAIPAN
필리핀 세부	CEB	CEBU
필리핀 보라카이	KLO	KALIBO
필리핀 팔라완	PPS	PUERTO PRINCESA
인도네시아 발리	DPS	DENPASAR-BALI
태국 푸켓	HKT	PHUKET
몰디브	MLE	MALE
하와이	HNL	HONOLULU
멕시코 칸쿤	CUN	CANCUN
사모아	APW	APIA
피지	NAN	NADI
뉴칼레도니아	NOU	NOUMEA
타히티	PPT	TAHITI

3. ICAO Phonetic Alphabet

Alphabet	Phonetic Alphabet	Alphabet	Phonetic Alphabet
A	ALPHA	N	NOVEMBER
B	BRAVO	O	OSCAR
C	CHARLIE	P	PAPA
D	DELTA	Q	QUEEN
E	ECHO	R	ROMEO
F	FATHER	S	SMILE
G	GOLF	T	TANGO
H	HOTEL	U	UNIFORM
I	INDIA	V	VICTORY
J	JULIET	W	WHISKY
K	KILO	X	X-RAY
L	LIMA	Y	YANKEE
M	MICHAEL	Z	ZULU

제10장

종합 연습 문제

1 다음 중 각 코드가 알맞게 연결된 것을 고르시오.

① 캐나다 오타와(OTTAWA) 도시코드 : YOW
② 필리핀 세부(CEBU) 도시코드 : CBU
③ 유럽 독일(GERMANY) 국가코드 : GE
④ 미국 일리노이(ILLNOIS) 주 코드 : IN

2 다음중 미국 뉴욕(New York)의 공항코드가 아닌 것을 고르시오.

① JFK　② LGA
③ APW　④ EWR

3 다음 조건을 충족시킬 수 있는 Availability Entry를 기재하시오.

조건 : 1월 7일 SEL-YVR, 1월 30일 YVR-SEL, 모든 구간 AC항공
2구간 동시 Availability 조회 (Dual City Pair)
(가장 짧게 입력할 수 있는 Entry만 정답으로 인정)

4 다음중 PNR의 각 작업요소(Element)에 대한 기본 Entry로 맞는 것을 고르시오.

① 성명 : NN　② 전화 : PH
③ 여정 : SS　④ Remarks : RE

5 아래 Availability에 대한 설명으로 틀린 것을 고르시오.

```
AN2JULCHISEL
** AMADEUS AVAILABILITY - AN ** SEL SEOUL.KR              35 TU 02JUL 0000
 1  KE 038  P7 A2 J9 C9 D9 I9 R7 /ORD 5 ICN 2  1235   1625+1E0/77W     13:50
         Z9 Y9 B9 M9 S9 H9 E9 K9 L9 U9 Q9 N6 GR
 2KE:DL7862  F4 J9 C9 D9 I9 Z9 Y9 /ORD 5 ICN 2  1235   1625+1E0/77W     13:50
         B9 M9 H9 Q9 K9 L9 U9 T9 X9 V9
 3  OZ 235  J9 C9 D9 Z9 U9 P8 Y9 /ORD 5 ICN 1  2355   0400+2E0/77L     14:05
         B9 M9 H9 E9 Q9 K9 S9 V9 W9 TL LL GR
 4OZ:UA7315  J9 C9 D9 Z9 P9 Y9 B9 /ORD 5 ICN 1  2355   0400+2E0/77L     14:05
```

① 1번 스케줄로 예약하는 경우 서울에 도착하는 날짜는 7월 3일이다.
② 2번 스케줄로 예약하는 경우 실제 탑승 항공사는 DL 항공이다.
③ 3번 스케줄로 예약하는 경우 중간 경유지가 없는 Non-Stop Flight를 탑승한다.
④ 4번 스케줄로 예약하게 되면 총 비행 시간은 14시간 5분이다.

6 아래 PNR에 대한 설명으로 옳은 것을 고르시오.

```
RP/SELK1394Z/SELK1394Z          AA/SU  22NOV17/0302Z   TDS3W8
1.KIM/TOPAS MR   2.LEE/EDU MR
3  KE5901 E 03MAY 4 ICNCDG HK2  0855 1350  03MAY  E  KE/MRC5RU
   OPERATED BY AIR FRANCE
4  KE 902 E 10MAY 4 CDGICN HL2  2100 1500  11MAY  E  KE/MRC5RU
5 AP 02-3333-1111 TOPAS TOUR
6 APM 010-2222-5555/P1
7 TK OK19FEB/SELK1394Z
8 SSR VGML KE HK1/S3/P1
9 SSR VGML KE HK1/S4/P1
10 OPW SELK1394Z-02MAR:1900/1C7/KE REQUIRES TICKET ON OR BEFORE
  05MAR:1900/S3-4
11 OPC SELK1394Z-05MAR:1900/1C8/KE CANCELLATION DUE TO NO TICKET/S3
```

① 승객이 실제 탑승하는 항공사는 모두 KE 항공이다.
② 발권 시한은 3월 2일까지로 이 때까지 발권하지 않으면 여정은 자동 취소된다.
③ 1번 승객은 왕복 여정 모두 기내 특별식을 신청하였다.
④ 왕복 전 구간 좌석은 확약되었다.

7 Name Element에 대한 설명으로 틀린 것을 고르시오.

① 소아 구분 기준은 여정 최초 출발일 기준으로 적용한다.
② 유소아 성명 입력시 생년월일을 함께 입력한다.
③ PNR 완성 후에 유아 이름 삭제는 불가능하다.
④ 외국인 / 내국인 모두 성(Last Name)을 먼저 입력한다.

8 승객의 여정이 미확정된 경우 미확정 구간을 입력하는 Entry를 기재하시오.

(띄어쓰기 없이 입력)

(항공사 : KE, Booking Class : M, 여정 : NYC SEL)

9 INFANT는 만 2세 미만의 승객으로 좌석을 차지하지 않는 승객을 말한다.

① O ② X

10 5월 10일 SYD에서 LON까지 운항하는 BA016편은 1회 경유한다. (아래 화면의 1번 스케줄) 시스템에서 운항정보를 조회하고, 확인된 경유 공항 코드를 고르시오.

```
AN10MAYSYDI.ON/ABA
** AMADEUS AVAILABILITY - AN ** LON LONDON.GB          9 SA 10MAY 0000
 1  BA 016  F2 AL J9 C6 D2 W9 Y9 /SYD 1 LHR 5  1435   0525+1E1/789     23:50
         B9 H9 K9 GL
 2  BA 016  FL AL J9 C9 D7 R6 W9 /SYD 1 SIN 1  1435   2055  E0/789
         Y9 B9 H9 GL
    BA 012  F4 AL J9 C1 W9 E4 Y9 /SIN 1 LHR 5  2320   0630+1E0/77W     24:55
```

① DOH ② HKG ③ LGW ④ SIN

11 다음 중 아래 PNR의 수정/삭제에 대한 설명으로 잘못된 것을 고르시오.

```
--- RLR ---
RP/SELK1394Z/SELK1394Z          AA/SU  9FEB25/2051Z  59XFLM
 1.KIM/MINJOON MR(INFLEE/MINJI MISS/20JAN25)  2.LEE/SOOJIN MS
 3  KE 647 M 25JUN 3 ICNSIN HK2  2330 0500  26JUN  E  KE/59XFLM
 4  KE 648 M 30JUN 1 SINICN HK2  1050 1835  30JUN  E  KE/59XFLM
 5 AP 02-1234-5678-A
 6 APM 010-1234-5678/P1
 7 TK OK09FEB/SELK1394Z
 8 SSR INFT KE HK1 LEE/YUAMISS 20JAN25/S3/P1
 9 SSR INFT KE HK1 LEE/YUAMISS 20JAN25/S4/P1
10 SSR BBML KE HK1/S3/P1
11 SSR BBML KE HK1/S4/P1
12 OPW SELK1394Z-13FEB:1600/1C7/KE REQUIRES TICKET ON OR BEFORE
      15FEB:1600 ICN TIME ZONE/TKT/S3-4
13 OPC SELK1394Z-15FEB:1600/1C8/KE CANCELLATION DUE TO NO
      TICKET ICN TIME ZONE/TKT/S3-4/P1-2
```

① KE647편의 날짜를 6월 23일로 변경하는 Entry는 SB23JUN이다.
② 4번 여정의 CLASS를 Y로 수정하는 Entry는 SBY4이다.
③ 유아의 성명을 삭제하는 Entry는 1/ 이다.
④ 전체 여정을 취소하고자 하는 경우 XI Entry를 사용할 수 있다.

12 예약 가능편(Availability)의 간편 Entry 중 현재 조회되어 있는 예약 가능편의 다음 날짜로 조회하는 Entry를 고르시오.

```
AN15MAYSELHKT
** AMADEUS AVAILABILITY - AN ** HKT PHUKET.TH              94 TH 15MAY 0000
 1  KE 663  J9 C3 DL IL RL Z4 Y9 /ICN 2 HKT I  1755   2215  E0/333      6:20
          B9 M9 S9 H9 E9 K9 L9 U9 Q9 T9 GL
 2  TG 653  C9 D9 J9 Z9 Y9 B9 M9 /ICN 1 BKK    1730   2120  E0/359
          H9 Q9 T9 K9 S9 V9 W9
    TG 225  U9 Y9 B9 M9 H9 Q9 T9 /BKK   HKT D  2240   2359  E0/32A      8:29
          K9 S9 V9 W9
 3TG:OZ6763  C2 Y4 B4 M4 H4 E4 Q4 /ICN 1 BKK    1730   2120  E0/359
  TG:AC7428  O4 E4 A4 Y4 B4 M4 U4 /BKK   HKT D  2240   2359  E0/32A      8:29
```

① AC1　　② AC1*　　③ AC*1　　④ AC-1

13 아래 이탈리아의 비엔나(VIE)에서 서울(SEL)까지의 KE938편의 Time Table을 보고 맞지 않는 것을 고르시오.

```
TN20MAYVIESEL
** AMADEUS TIMETABLE - TN ** SEL SEOUL.KR                 20MAY25 27MAY25
 1  KE 938  1357 VIE 3 ICN 2  1840   1230+1 0 30MAR25 24OCT25 77W 10:50
 2  OS 117  1    VIE 3 MUC 2  1955   2055   0 CONNECT MUC    321
    LH9357  1    MUC 2 ICN    2150   0730+1 0 31MAR25 16JUN25 321  4:35
 3  OS 117  6    VIE 3 MUC 2  1955   2055   0 CONNECT MUC    32N
    LH9357  6    MUC 2 ICN    2150   0730+1 0 05APR25 21JUN25 321  4:35
```

① 중간 경유지가 없는 Non-Stop Flight로 운항 중이다.
② VIE에서 18시 40분에 출발하며 SEL 도착 시간은 다음날 한국 시각 12시 30분이다.
③ KE 938편의 운항 요일은 월,수,금이다.
④ KE 938편의 비행 시간은 총 10시간 50분이다,

14 PNR 번호를 모르는 경우, 출발일과 승객의 성 (Family Name) 만으로 PNR을 조회할 수 있는 Entry를 쓰시오.

출발일 : 10MAR Family Name : CHOI

① RT/CHOI-10MAR ② RT*10MAR-CHOI
③ RT/10MAR-CHOI ④ RT-10MAR/CHOI

15 아래 조건에 부합하는 가장 저렴한 운임의 KE Booking Class를 고르시오.

출발일 : 9월 15일
구간 : SEL-SIN-SEL
항공사 : KE
체류기간 : 8개월
좌석 : 일반석
발권(구매) 가능일 : 예약 후 3일 이내

① L ② E ③ U ④ M

16 아래의 단체 PNR에 입력된 이름만 조회하고자 할 때 사용하는 Entry를 고르시오.

```
--- AXR RLR ---
RP/SELK1394Z/SELK1394Z          AA/SU   9FEB25/1242Z   586RUD
0. 14TOPAS TOUR  NM: 3
  4  KE 907 G 15JUN 7 ICNLHR HN17 1050 1720  15JUN  E  KE/586RUD
  5  KE 908 G 22JUL 2 LHRICN HN17 1955 1615  23JUL  E  KE/586RUD
  6 AP 02-123-4567 TOPAS TOUR
  7 APM 010-1234-5678 KIM/DAMDANG MS
  8 TK OK09FEB/SELK1394Z
  9 SSR GRPF KE GV10
```

① RTN ② RTX ③ RT ④ RRN

17 아래 단체 PNR을 완성하고자 ER을 입력하였으나 오류 메시지가 표시되면서 저장이 되지 않는다. PNR이 완성되도록 조치를 취하시오.

```
RP/SELK1394Z/
0. 20TOPAS TOUR  NM: 0
  1  KE 651 G 17MAY 6 ICNBKK HN20 1805 2145  17MAY  E  0 333 D
     SEE RTSVC
  2  KE 652 G 24MAY 6 BKKICN HN20 2330 0655  25MAY  E  0 333 B
     SEE RTSVC
  3 AP 02-1234-5678-A
  4 APM 010-1234-5678 KIM/DAMDANG
*TRN*
>
ER
RESTRICTED/NEED GROUP FARE
```

18 다음 여정 중 2번 Element의 Booking Class를 K Class로 바꾸고자 할 때 사용하는 간편 Entry를 고르시오.

① SBK2 ② SB2*K ③ SBK*2 ④ SB2K

19 다음 화면에서 KE647편 L Class를 예약하려 하였으나 아래와 같은 메시지가 표출되었다. 다음 중 대기자 예약 요청을 위한 Entry를 고르시오.

```
>AN10MARSELSIN/AKE
AN10MARSELSIN/AKE
** AMADEUS AVAILABILITY - AN ** SIN SINGAPORE.SG          28 MO 10MAR 0000
 1  KE 643  J9 C1 DL IL RL Z2 Y9 /ICN 2 SIN 4  1435   2015  E0/773      6:40
            B9 M9 S9 H9 E9 K9 L9 UL QL TL G9
 2  KE 645  J9 C9 D9 I9 RL Z3 Y9 /ICN 2 SIN 4  1835   0010+1E0/77W      6:35
            B9 M9 S9 H9 E9 K9 L9 U9 QL TL G9
 3  KE 647  J9 CL DL IL RL Z2 Y9 /ICN 2 SIN 4  2310   0500+1E0/333      6:50
            BL ML SL HL EL KL LL UL QL TL G9
*TRN*

>SS1L3
 KE 647 L 10MAR 1 ICNSIN NOT AVAILABLE BUT WAITLIST OPEN
AD10MARICNSIN2310
** AMADEUS AVAILABILITY - AD ** SIN SINGAPORE.SG          28 MO 10MAR 2310
 1  KE 647  J9 CL DL IL RL Z2 Y9 /ICN 2 SIN 4  2310   0500+1E0/333      6:50
            BL ML SL HL EL KL LL UL QL TL G9
 2  SQ 605  Z9 C9 J9 U9 D9 Y9 B9 /ICN 1 SIN 0  2315   0455+1E0/359      6:40
            E9 M9 H9 W9 Q9 N9
 3SQ:OZ6783  C2 D2 UL Y4 B4 M4 H4 /ICN 1 SIN 0  2315   0455+1E0/359      6:40
            E4
 4TR:SQ8529  S9 T9 P9 L9 R9 Y9 B9 /ICN 1 SIN 1  2235   0615+1E1/789      8:40
            E9 M9 H9 W9 Q9 N9
 5  7C4603  Y9 B9 K9 N9 Q9 M9 T9 /ICN 1 CRK    2225   0140+1E0/738
            W9 O9 R9 X9 S9 Z9 L9 H9 E9 F9 V9 G9 P9 J9 A9 U9
  TR:SQ8309  Y9 B9 E9 M9 H9 W9 Q9 /CRK   SIN 1  0855+1  1240+1E0/320     15:15
            N9
 67C*H19766  W9 E9 S9 Y9 B9 H9 M9 /ICN 1 CRK    2225   0140+1E0/737
            Q9 V9 X9 O9 G9 R9 U9 T9 L9 K9 N9
  TR:SQ8309  Y9 B9 E9 M9 H9 W9 Q9 /CRK   SIN 1  0855+1  1240+1E0/320     15:15
            N9
```

① SS1L3
② SS1L3/PE
③ SS1LL3
④ SS1L3/SG

20 다음 중 PNR 작성에 대한 설명으로 틀린 것을 고르시오.

① PNR의 구성요소중 TKT Arrangement(항공권 구매 예정일)는 PNR 저장시 자동 입력된다.

② 여정은 출발 순서대로 입력하지 않아도 자동으로 여정 순서 조정되어 PNR 저장된다.

③ 완성되지 않은 PNR은 Split 할 수 없다.

④ 중간에 비항공운송구간이 발생하는 경우 ARNK를 반드시 입력해야 한다.

21 아래 조건에 맞는 SSR 요청 Entry를 고르시오.

조건 : 2번 승객, 3번 여정에 해산물식 요청

① SR VGML/L3/P2　　② SR SFML/S3/P2

③ SR VGML/S3/P2　　④ SR SFML/L3/P2

22 다음 Avaliability 화면을 보고 1번 라인의 실제 운항 항공사 코드(2-Letter Airline Code)를 고르시오.

```
AN15MAYSELSYD
** AMADEUS AVAILABILITY - AN ** SYD SYDNEY.AUNS            94 TH 15MAY 0000
 1KE:VS5523  J9 C9 D0 I0 Z0 Y9 B9 /ICN 2 SYD 1  1855   0620+1E0.789  TR  10:25
            R9 L9 U9 M9 E9 Q0 X0 N0 O0
 2   KE 401  J9 C1 DL IL RL Z2 Y9 /ICN 2 SYD 1  1855   0620+1E0/789      10:25
            B9 M9 S9 H9 E9 K9 L9 U9 QL TL GL
 3OZ:EY8462  J2 C2 D2 W2 Z2 Y4 B4 /ICN 1 SYD 1  2000   0730+1E0/359  TR  10:30
```

① KE　　② VS

23 다음 중 항공사 FINNAIR의 코드로 맞는 것을 고르시오.

① FY ② AI ③ FI ④ AY

24 다음 PNR의 승객 정보만 COPY하는 Entry를 고르시오.

```
--- RLR ---
RP/SELK1394Z/SELK1394Z          AA/SU  9FEB25/2057Z   59WUBM
  1.KIM/MINJOON MR
  2  KE 647 M 22JUN 7 ICNSIN HK1  2330 0500  23JUN  E  KE/59WUBM
  3  KE 648 M 28JUN 6 SINICN HK1  1050 1835  28JUN  E  KE/59WUBM
  4 AP 02-1234-5678-A
  5 APM 010-1234-5678
  6 TK OK09FEB/SELK1394Z
  7 SSR VGML KE HK1/S2
  8 SSR VGML KE HK1/S3
```

① RRI ② RRN

③ RRP ④ RRA

연습문제 정답

1.	①	11.	①	21.	②
2.	③	12.	①	22.	①
3.	AN7JANSELYVR/AAC*30JAN	13.	③	23.	④
4.	③	14.	③	24.	③
5.	②	15.	④		
6.	③	16.	①		
7.	③	17.	SRGRPFKE-GV10 입력		
8.	SOKEMJFKICN	18.	①		
9.	①	19.	②		
10.	④	20.	④		

곽철우

현) 경인여자대학교 항공서비스학과 겸임교수
현) 호서대학교 항공서비스학과 겸임교수
전) 대림대학교 호텔관광과 겸임교수
전) 인터파크투어 자유여행팀장, 미주팀장
전) 대명투어 여행마케팅팀장
경기대학교 관광경영학과(관광학사)
경기대학교 관광전문대학원 여행항공크루즈경영 전공(관광학 석사)
경기대학교 관광전문대학원 여행항공크루즈경영 전공(관광학 박사)

박수영

현) 백석대학교 관광학부 교수
전) LUFTHANSA 독일항공 예약과
전) UNITED AIRLINES 예약과
이화여자대학교 국어국문학과(문학사)
경기대학교 관광전문대학원 여행항공크루즈경영 전공(관광학 석사)
경기대학교 관광전문대학원 여행항공크루즈경영 전공(관광학 박사)

정인경

현) 인하공업전문대학 관광경영과 겸임교수
전) 서정대학교 겸임교수
전) 숭의여자대학교 겸임교수
전) 에어캐나다 여객영업부
전) 알리딸리아 이탈리아 항공 예약발권부
전) 대한항공 김포공항 발권부
경기대학교 관광전문대학원 여행항공크루즈경영 전공(관광학 석사)
경기대학교 관광전문대학원 여행항공크루즈경영 전공(관광학 박사)

최신 항공예약실무

초판 1쇄 발행 2025년 2월 28일

저자 | 곽철우·박수영·정인경
펴낸이 | 김주래
펴낸곳 | 두루 출판사

등록 | 396-95-02021
주소 | 서울시 용산구 효창원로 17
전화 | 010-8767-4253
전자우편 | kjla12@naver.com

ISBN 979-11-987424-5-2 93320
정가 16,000 원

Memo

Memo

Memo